本专著系北京城市治理研究基地和"1138"工程项目[
市教育委员会科学研究计划项目（项目编号：SM202
学科研启动基金项目（经费代码：11005136024XN14

U0610408

北京城市治理研究基地学术文库

Value Creation of Cross-border
Mergers and Acquisitions by Chinese
Manufacturing Enterprises

MANAGEMENT

中国制造企业海外并购价值创造

杨亚男 ◎著

经济管理出版社
ECONOMY & MANAGEMENT PUBLISHING HOUSE

图书在版编目（CIP）数据

中国制造企业海外并购价值创造 / 杨亚男著.
北京：经济管理出版社，2024.11（2025.3重印）.
-- ISBN 978-7-5096-9953-9

Ⅰ．F279.214

中国国家版本馆 CIP 数据核字第 2024WR3973 号

组稿编辑：杨国强
责任编辑：白　毅
责任印制：张莉琼
责任校对：王淑卿

出版发行：经济管理出版社
　　　　　（北京市海淀区北蜂窝 8 号中雅大厦 A 座 11 层　100038）
网　　　址：www.E-mp.com.cn
电　　　话：（010）51915602
印　　　刷：北京厚诚则铭印刷科技有限公司
经　　　销：新华书店
开　　　本：720mm×1000mm/16
印　　　张：9
字　　　数：101 千字
版　　　次：2024 年 11 月第 1 版　2025 年 3 月第 2 次印刷
书　　　号：ISBN 978-7-5096-9953-9
定　　　价：98.00 元

前　言

在海外发达市场发起并购以获取优质的境外战略资源，已经成为我国制造企业参与全球竞争和实现价值创造及新发展的关键。然而，随着各国对海外投资的审查越发严格，中国制造企业实现价值创造面临着海外资源利用约束的难题。出海后，中国制造企业如何有效整合双方资源才能实现价值创造的结果？系统探究中国制造企业出海并购的资源整合与价值创造内在作用机制，是中国企业并购研究和管理实践共同关注的重大问题。

本书聚焦中国制造企业出海德国的并购案例，基于资源依赖理论并结合二元性视角，通过质性研究提炼中国制造企业海外并购资源整合与价值创造的内在过程机制理论框架，揭示价值创造的实现路径和规律性特征。本书有望为中国制造企业如何借助海外并购实现价值创造提供理论参考和实践指导。

本书着重解决两个问题：

第一，鉴于当前商业界对并购双方资源依赖关系的热议，本书讨论了收购发达标的企业的战略资源是中国制造企业加快高质量发展的重要手段，但要高效利用这些战略资源往往需要在并购后进行数年的长期整合。然而，现有理论对中国制造企业并购后整合资源动态的内在作用机制缺乏深入的解释。本书旨在揭示资源相关性变化下的中国制造企业并购后资源整合的长期动态演化，同时对四个典型案例进行探究，并基于访谈数据编码分析提出了理论框架。本书的研究结果强调：当并购前双方资源互补性随着资源不断重叠而减少时，中国制造企业会改变最初的温和式整合（合作/保留）以平衡依赖，或者当并购前双方资源相似性不断增加到极高时，改变为极端依赖。并购前的资源关联性基础和并购后整合期的资源关联性变化以及中国制造企业的动态能力（对威胁和发展潜力的感知能力和利用能力）是推动中国制造企业并购后整合举措变化的关键因素。本书的研究原创性在于考虑了资源相关性的变化与中国制造企业并购整合动态的交互作用，有力地补充了当前并购整合动态研究没有考虑资源相关性变化的不足。此外，本书的研究同时考虑了资源的依赖不对称和联合依赖两个方面，拓宽了资源依赖理论在并购后整合研究中的应用。本书为中国制造企业通过在发达市场的收购实现跨越式发展提供了管理见解，中国制造企业应关注企业间资源关联性变化的重要作用。当并购之前双方的资源背景更加相似时，最初的温和式整合可以加深，但同时应该警惕权力失衡和自私行为的负面影响。

　　第二，本书认为应该进一步研究和澄清并购后资源整合对最终价值创造结果的影响。本书从二元性视角揭示中国制造企业海外并购后对标的方的资源管理从自主授权到实际整合的演化以及对并购后价值创造的影响，开发了三阶段理论框架，理论化了中国制造企业的自主并购后资源整合随着时间的推移向实际形式整合的演变，以及基于结构、时间和情境二元性表现对并购价值创造结果的影响。研究结果将进化轨迹分为两个子轨迹，从高度自主到自主整合平衡或完全整合，以阐明不同程度的实际形式整合对价值创造或价值破坏的影响。中国制造企业在管理从发达市场收购的标的方时经常给予对方充分的自主权。然而，长期的收购效益取决于自主权与实际形式整合的结合；但现有文献对于如何实现这一目标的见解有限。本书研究独特之处在于通过二元性的视角揭示了"中国制造企业收购方对其发达市场标的方的资源整合举措，从自主到实际形式的演变及对最终价值创造结果的影响"。

笔者衷心感谢调研中所有受访者对本书做出的积极配合，以及北方工业大学给予本书的资金支持。由于笔者水平有限，加之编写时间仓促，书中疏漏与不足之处在所难免，恳请广大读者批评指正。

杨亚男

2024 年 8 月 1 日

目　录

"在收购中，耐心是一种美德……偶尔的大胆也是一种美德。"

——威廉·桑代克

第一章　绪论

第一节　研究背景

创造价值是企业生存与发展的关键，也是企业追求的最终目标（Haspeslagh 和 Jemison，1991），强调企业通过有效配置和利用资源，形成难以模仿的竞争优势，从而创造独特价值。企业价值创造主要体现在资本增值（高太光等，2023）。一般而言，企业会通过两种经营活动实现资本保值增值：商品经营，通过销售产品或提供服务实现利润最大化，进而实现资本增值；资本经营，通过产权流动重组，提高资本运营效率和效益以实现资本增值（耿雪姣等，2022）。20 世纪 90 年代以前，我国企业以制造业为主，侧重于商品经营；而后随着我国证券市场的建立和发展，市场虚拟化程度的提高，第三产业占比持续增长，股票上市、参股、控股等各种资本经营方式成为我国制造企业提高企业价值的重要手段，并购是其中一个被广受重视的价值创造资本经营活动（高太光等，2023）。

价值创造作为企业核心竞争力的体现，对制造企业的可持续发展具有重要意义（高太光等，2023）。在全球经济一体化和技术快速发展的背景下，制造企业作为我国重要的实体经济主体，其价值创造直接关系到国家的经济实力和市场竞争力，促进其价值创造成为实现我国经济高质量发展的关键（刘娟和杨勃，2022）。党的十八大以来，我国制造业综合实力在全球市场中的比重和竞争力明显增强：2012～2021年，我国制造业增加值从16.98万亿元增长至31.4万亿元（高太光等，2023）。因此，能否提高我国制造企业的经营效率，实现其价值可持续增长，对于推动我国国民经济持续、快速和健康发展具有重大意义。

但是，我国制造企业近年来持续受到西方发达国家发起的"科技制裁"和"科技封锁"，严重制约了我国向技术制造业强国的发展（张琳等，2021；高太光等，2023）。为打破这一困境，提升制造企业技术创新成为重中之重，一方面，依靠制造企业自身的创新研发能力，确保产业体系自主可控和安全可靠；另一方面，直接出海并购西方发达国家企业的先进技术，是我国制造企业快速转换技术轨道、迭代产品技术获得更多市场经济效益最有效的手段（高太光等，2023）。在此背景下，如何促进我国制造企业通过海外并购实现价值创造？这个过程受到哪些关键因素的影响？这些问题已经成为理论界和实践界密切关注和亟待解决的重要问题。

从理论层面上看，企业价值创造涉及理念、机制、影响因素等诸多研究视角。长期以来，学者们试图从利润来源、创新驱动等多维度解释企业长期价值的形成机制，如解释单一产品的利润来源、企业培育和保持竞争优势的动力驱动机制等（孙悦和洪勇，2024）。针对制造企业价值创造的研究最早可以追溯到2003年，并从2011年开始迅速发展，由产品主导逻辑延伸到服务主导逻辑（余珮和李珉迪，2019；武天兰和范黎波，2020；许晖等，2023）。随着工业经济向服务经济的转型，制造企业在从产品销售制向提供高级服务转型的过程中，不仅面临技术创新升级的难题，还面临着管理认知、组织结构、生产运营等组织与行为方面的挑战（周婷婷等，2021）。这些观点丰富和完善了制造企业价值创造的基本理论。然而，针对跨国并购特定情境下发展我国制造企业的价值创造问题，纯粹采用现有理论和研究成果，无法科学地解释其长期价值的创造机制，这为本书的研究提供了空间。

第二节 研究设计

1. 研究思路

本书的研究侧重于从过程角度重点解释因果过程机制，着重探索性多案例研究构建基础理论框架。本书针对当前理论与实践局限，围绕"跨国并购促进中国制造企业实现价值创造"的研究问题，基于资源依赖理论作为元理论分析框架，构建资源关联性变化下中国制造企业跨国并购整合机制基础理论框架；进一步地，从二元性的视角，分析中国制造企业跨国并购整合过程演变对价值创造结果的作用机制。通过两项研究，明晰跨国并购情境下中国制造企业并购后的资源整合动态演化过程机制、关键影响因素以及对最终价值创造结果的影响。

2. 研究方法

鉴于此，本书主要采用纵向探索性多案例研究法。多案例研究法允许进行案例内和跨案例比较，从而提高了单案例研究结果的适应性和有效性（Eisenhardt 和 Graebner，2007；李玉菊和张明威，2023）。具体来说，案例研究非常适合探索现象背后的"如何"和"为什么"的问题：①本书聚焦解构中国制造企业如何通过跨国并购进行资源整合，从而实现价值创造的内在作用过程机制，本质上是聚焦过程的案例研究，属于"如何"的类型，通过案例分析能够清晰展现并购整合模式的变化以及价值创造内在过程和结果的整体性与动态性（Eisenhardt，1989；毛基业和陈诚，2017）。②本书关注中国制造企业跨国并购整合期间各阶段的价值创造行为。纵向案例分析能够从多个时点对案例企业进行深度挖掘，有利于识别跨国并购资源整合过程中的关键构建模块及其因果关系，从而挖掘价值创造过程中涌现的内在机制，构建合理的因果链条，从而解释"为什么"的问题（Langley 等，2013）。

对于数据分析，主要基于扎根理论的编码分析法。本书的研究整合多渠道访谈数据等资料后，建立中国制造企业每个跨国并购案例的"价值创造关键里程碑"时间轴，引入编码方法作为辅助数据分析工具的 MAXQDA 软件来实现可视化，对案例访谈等文本内容进行全过程编码工作，并对并购事件进行编码，提炼案例企业的特征规律（Charmaz，2006）。具体来说，对每个并购案例的关键事件进行独立编码分析，遵循"资源关联→并购整合过程→价值创造结果"主线逻辑，梳理价值创造过程的关键里程碑节点，然后总结每个并购案例事件的并购整合模式和动态变化过程以及价值创造结果，并通过扎根理论，编码分析出每种模式的关键影响因素。在此过程中，与研究团队成员（成员分成两组进行独立编码，以降低个人主观性和片面性）以及第三方专家对关键构念进行反复讨论修正和编码迭代，直至实现理论饱和。本书的案例研究通过三种视角（案例企业、研究团队、第三方）弥补彼此认知问题的局限与偏差，以将数据信息进行交叉验证，尽可能确认事件真实与表达妥当，并尽可能完整地记录与所研究过程相关的事件序列，纳入计算机辅助分析软件进行数据整理和分析。基于多种数据收集方法的三角测量能够让本书的构念和命题具有更坚实的事实依据，有利于构建更坚实的理论。在编码过程中，本书将时间分析法和时序区间方法融入数据分析中。具体来看：①同时纳入时间和空间因素分析事件对企业产生的动态影响，纵向重点追踪事件如何随时间演化产生重要结果（Morgeson 等，2012）。通过对案例对象的纵向挖掘，界定中国制造企业跨国并购案例进行价值创造的关键里程碑事件，并由该事件点向前后追溯，识别影响该里程碑事件的关键行动，从多个属性维度系统判断事件的影响（Dutton 和 Dukerich，1991）。②按照时间和逻辑顺序切分时序区间，研究随着时间推移而展开的动态过程（Langley，1991），借助可视化事件表，挖掘同一时序区间内构念间的潜在联系，并观察一个期间阶段的行为如何导致后续阶段其他事件的发生和变化，进而实现对各阶段并购资源整合事件的衔接（Langley，1991；胡楠等，2021）。

制造企业的跨国并购价值创造不仅是理念和使命问题，更重要的是关于价值创造的来源、影响因素和过程控制等机制及管理问题。这些关键问题的解决与跨国并购价值创造的相关理论密不可分。

第二章 国内外研究现状

为了回答本书所聚焦的中国制造企业在发达市场并购价值创造的两个至关重要问题：跨国并购后双方的资源关联性如何发生变化？进而如何影响并购整合过程的变化？以及更进一步地：跨国并购整合过程如何影响最终的价值创造？本章首先概述了企业价值创造的相关研究成果，其次探讨了跨国并购整合研究的一般理论成果及研究新趋势，最后对现有文献进行综合评述以突出本书力求填补的理论空白。

第一节 企业价值创造相关研究

价值创造是企业的终极目标，是企业长期生存的基础（Haspeslagh 和 Jemison，1991）。自 1776 年 Adam Smith 在《国富论》中首次提出劳动分工的概念以来，关于企业的性质、企业的价值等方面的研究渐次深入，形成了以利润理论、创新理论和能力理论为代表的企业价值创造理论体系，并逐渐从单个企业的能力理论延伸至价值链企业价值创造理论和竞争优势理论（张琳等，2021；周婷婷等，2021；耿雪姣等，2022）。从国际贸易管理视角来看，价值创造并不是简单地决定于该国的自然资源、劳动力、利率、汇率等，很大程度上取决于国家的产业创新和升级能力，这更多地依赖于优质战略资源的获得与高效利用（张晨宇等，2023）。高层次的国际竞争优势需要生产技术、产品、人力资源、市场销售网络等方面的重要战略资源支撑，是依靠关键战略资源投入的能力培育结果，具有持续性，能为企业带来持久的利益（崔永梅等，2021）。在并购情境中，对所并购的资源进行审慎管理和整合是并购方实现并购价值创造的必要条件。因此，学术界长期以来一直关注并购后的资源整合问题。例如，组织行为学派从文化角度提出了各种文化融合的方法（Mirvis 和 Marks，2011；孙悦和洪勇，2024）。相对而言，与上述以文化或人为重点的整合相比，并购后的实际整合涉及更多的整体整合过程，这正是过程学派所关注的（Birkinshaw 等，2000；刘娟和杨勃，2022）。过程学派更关注将收购的标的企业纳入母公司的组织结构，从完全保留标的到将其吸收进母公司体系中的过程（Glaum 和 Hutzschenreuter，2010）。

关于特定情景下制造企业跨国并购价值创造的研究，目前学术界主要聚焦在两个方面：一是跨国并购的外部环境动态的重要作用。研究人员关注到企业外部环境动态如距离因素和外来者劣势导致的信息不对称、文化匹配冲突等问题，是负向影响制造企业跨国并购后实现价值创造的重要掣肘因素（Luo 和 Rui，2009）。例如，地理距离较远和文化距离较大会增加并购后管理成本，降低信息沟通的有效程度，继而阻碍技术和知识的转移效率（徐全军，2002；Zollo 和 Singh，2004；陈航等，2021）；恶劣的东道国制度环境（制度距离）会增加跨国经营的不确定性风险，严重阻碍并购后的整合效率，最终导致价值减损（Faulkner 和 Teerikangas，2014）。二是企业内生因素驱动制造企业通过内部途径积极创造价值。譬如，战略资源学派强调自身资源优势，研究制造企业并购方如何利用内部资源获取垄断优势（Safavi，2021）；公司治理学派从股东治理、董事会治理等方面探究管理层与跨国并购价值之间的关系（魏江等，2020；杨波等，2020；冯正强和荆梦，2021；周婷婷等，2021）；组织行为学派关注企业的内生能力如并购经验、学习能力以及整合能力如何在并购后的资源整合过程中发挥作用而创造价值（杜健等，2021；杨连星和铁瑛，2023），认为资源整合过程和文化重构是核心关键，提出了"无为而治""轻触"等整合模式，以及交易型价值创造、集成型价值创造等价值创造机理（马瑞华和郑玉刚，2020；魏江等，2020；崔永梅等，2021）。

在针对中国企业海外并购的相关研究中，学术界普遍认为中国收购方倾向于采用温和式的资源整合方式，授予标的企业很大的自主权，几乎不启动任何整合措施。然而，尽管授予标的企业充分的自主权在并购后的整合初期可以维持双方暂时的稳定性，但在缺乏某些控制形式的实际整合情况下，仅授权充分的自主权可能对长期的并购价值创造影响不大（甚至产生破坏影响）。这就产生了一个问题，即中国制造企业应如何调整或平衡自治和整合，以使并购双方两个实体成为长期的最佳组合。然而，受制于较短的发展历史，中国制造企业的"自治式"模式如何演变为"真正的整合"仍然难以追踪和识别。最近零星的研究已经注意到中国制造企业的"自治"模式的潜在演变问题。例如，Marchand（2015）发现，如果最初的活动协调进展顺利，中国制造企业可能会协调更多活动以加强"合作"，否则，中国制造企业可能会削弱双方之间的相互作用，直到完全"保留"标的方。Du 等（2020）提出，中国制造企业可以在具有显著自主权的独立性基础上调整资源依赖不对称和联合依赖，以提高财务绩效。然而，这些尝试本质上仍是描述"自治"模式的微小浮动变化，而未能揭示"实际形式的整合"。实际上，"整合"和"自主"不是相互排斥的，而是相互作用影响最终的价值创造。并购后整合阶段在传统上被认为是收购后价值创造的主要决定因素（Angwin 等，2015；Wei 和 Clegg，2017；刘玉照和熊健然，2024）。然而，作为一个动态过程，并购后整合可能会产生意想不到的后果，包括积极和消极的结果（Kroon 等，2021）。现有研究过分强调了中国收购方的"自治式"的并购后整合模式对良好整合结果的贡献（Du 等，2020；林发勤和吕雨桐，2022；孟凡臣和高鹏，2022；张海亮等，2022）。实际上，这与并购价值创造高失败率的现实并不符。并购后整合和价值创造可能并不总是齐头并进的（Vafeas 等，2016；胥朝阳等，2024）。许多在发达市场进行的收购案例未能为中国制造企业投资者产生预期的价值（Wei 和 Clegg，2017；陶海飞和孟祥霞，2022；王鹏和任燕红，2024）。由于对中国收购方长期并购整合变化的研究有限，并购后整合过程对收购价值的影响仍然难以捉摸。学者们还没有提出充分的理论框架来解释中国制造企业跨国并购整合如何演变以及如何作用于并购价值创造。

第二节　企业跨国并购研究现状

随着中国经济的快速发展，中国制造企业向海外发达市场寻求高端优质资源的外商直接投资活动迅速崛起，其中，并购被视为中国制造企业进入海外发达经济体的主要行为工具（Zhang 等，2020；Carril-Caccia，2021；Hertenstein 和 Alon，2021）。一个吸引人的现象是：中国企业对外直接投资的关键构成部分是大量中国制造企业收购发达市场的标的企业（同样多为制造企业）（Zhu 和

Zhu，2016；Haasis 等，2018），大多瞄准美国和欧洲利润丰厚的市场及领先的技术（Rottig 和 de Oliveira，2019；庞磊和张盼盼，2023），多是为了获取战略性高端资源，如复杂的技术或管理专业知识，以克服自身在国际市场上的竞争劣势，同时试图以此超越西方同行（Schüler-Zhou 和 Schüller，2013；Zheng 等，2016；Haasis 等，2018）。然而，收购后的价值创造情况却不尽如人意，中国制造企业并购方的初始战略目标往往很少实现（Steigenberger，2016；张玉梅和吴先明，2022），许多收购结果远未达到中国制造企业的预期（Vafeas 等，2016；Marchand，2017）。这引起了学术界的广泛关注与讨论。越来越多的学者认为，并购后的资源整合是解释收购成败的关键（Kroon 等，2021）。一般来说，并购后的整合（并购整合）是获取价值实现的主要来源（Berlemann 和 Jahn，2015）。并购整合是指将收购方和标的方合并为新的一体的系列管理行为（Haspeslagh 和 Jemison，1991；李德辉和范黎波，2022；朱建民和崔心怡，2022），这被认为是并购后实现价值创造的关键（Kroon 等，2021；王宛秋 等，2022；余娟娟和魏霄鹏，2022）。交易完成后，收购方必须整合和利用标的方的资源。因此，学者们对企业并购后的资源整合策略进行了大量研究（Kroon 等，2021）。

现有研究大多是从静态层面，探讨收购方如何展开结构性决策，以平衡整合（吸收标的企业）和保存（留给标的企业完全自主权）的挑战（Safavi，2021；周雪峰和韩永飞，2022）。关于新兴市场国家企业（包括中国企业）并购整合的研究最早可以追溯到 Haspeslagh 和 Jemison（1991）的研究，他们基于发达国家的跨国企业实施的并购案例，认为应该根据"战略相互依存"和"标的方的自主性"制定整合战略，并描述了平衡整合困境的四种一般模式："吸收"式（单向强制、完全控制）、"保留"式（保持一切原样）、"共生"式（相互分享和学习的最佳平衡）和"控股"式（仅为财务收购收取分红而不进行任何整合行为）。其中，前三种最为常见。"吸收"式即快速改变标的企业的结构和运营方式，以便将其整合到母公司的管理系统中，这通常是发达国家跨国企业的首选模式；"保存"式即以绝对小的变化将标的方保持原样；"共生"式是最具挑战性的，即双方愿意合作探索创新实践，相互分享和学习。就中国制造企业在发达市场发起的收购活动而言，早期的研究普遍认为，与发达国家的跨国企业快速而剧烈的"吸收"式明显不同，在发达市场进行收购活动的中国制造企业收购方更倾向于采取温和的行动，通常倾向于低程度整合甚至不整合，在很大程度上保留了标的企业的自主权（Kumar，2009；苏屹等，2022；王芳等，2022；张建清等，2024）。例如，授予标的企业高度的自主权，并保留对方原来的高管团队和人才队伍（陈小梅等，2021；Liang 等，2021；耿雪姣等，2022；江诗松等，2022）。Kale 和 Singh（2012）提出了基于"结构整合"和"活动协调"两个维度的"合作"式以描述中国制造企业并购方的这种相对被动的温和做法，其特点是：保留标的企业原有的所有资源和结构，赋予标的企业很大的自主权，有选择地协调活动，并且与标的方沟通频繁。除了金融系统的快速统一外，其他几乎没有启动整合。中国制造企业继续聘用标的方的前任管理团队，将自己与对方这两个组织实体分开，很少触碰对方的资源（尽管并购方对双方资源深度协同的潜力抱有很大期待），并在标的方的具体经营决策上给予高度自由。此外，中国制造企业仅提供战略指导，并通过频繁的沟通有选择地协调双方之间的活动。

随后的研究揭示了类似的特征，用各种术语丰富了中国制造企业这种典型的温和模式，并将"合作"一词扩展（李新剑等，2022；程思佳等，2024），例如，Liu 和 Woywode（2013）开发了一种将"共生"与"保存"相结合的"轻触"模式。Marchand（2017）将 Kale 和 Singh（2012）所提出的"合作"式进一步细分为三个方面："转移合作""跳板合作"和"协同合作"，同时发现，并非所有中国制造企业从一开始就采用"合作"式，有些人可能选择"保存"式，即在双方并没有过多活动协调和沟通的情况下授予标的方完全的自主权。de Oliveira 和 Rottig（2018）在制度理论的基础上提出了"支持伙伴关系"的概念。Sun（2018）提出了并购双方双向合作尝试的中国特色"无为"范式。

上述研究表明，由于文化差异较大、身份不对称、学习或吸收能力不足等原因，中国制造企业倾向于采取温和谨慎的整合方式，给予标的企业充分的自主权和独立运营权。这样可以在当双方的资源、能力和地位不对称时，有效保护标的方运营的稳定性（Cogman 和 Tan，2010；Kale 和 Singh，2012；Liu 和 Woywode，2013；刘建勇等，2023），同时保护已获得的标的方的优质资源不被破坏（Kroon 等，2021）。例如，"合作"或"保护"是中国制造企业进行温和式资源整合的典型特征（Kale 和 Singh，2012；de Oliveira 和 Rottig，2018；裴旭东等，2022）。

　　然而，并购后整合通常需要很多年才能完成，温和的整合方式并不能完全反映出中国制造企业完整的整合链条。上述传统的静态视角研究很大程度上忽视了并购后整合的时间效应问题。正如 Haspeslagh 和 Jemison（1991）所强调的，并购整合模式不是独立的封闭式范畴，而是相互之间的多阶段动态交叉连续体。中国制造企业最初的温和模式（合作/保护）能否揭示长期并购后整合情况很值得怀疑（Sun，2018）。通过温和的方式获得复杂的资源后，中国制造企业可以重新评估双方资源整合的潜力，以充分利用所收购的资源（Chen 等，2022；崔连广等，2023）。例如，Kale 和 Singh（2012）推断，中国制造企业可能只是将"合作"式作为并购初期缓解标的企业被收购焦虑的一种临时策略，一旦消除所有障碍，可能会在中后期完全吸收标的企业。最近的研究表明，并购后的整合过程是一个互动且渐进的过程（Jonsson 和 Vahlne，2021；向荣等，2022；张继德和张家轩，2022）。一些有意义的初始整合方法（例如，温和式整合）在一段时间后可能会被证明是无效的，有时甚至会适得其反，这需要收购方采取调整举措（Steigenberger，2016；吴小节和杨洁莉，2024）。这种温和式整合可能只是暂时的静态快照（Sun，2018），仅强调这些临时举措可能会阻碍拖延并购双方真正的深度整合。不利的一面将随着时间的推移逐渐显现，充分的自主权可能会向目标发出错误的信号，阻碍明确的决策，并延迟两个实体的真正战略合并。

鉴于上述可能性，一些学者开始质疑中国制造企业谨慎的自治模式对最终收购价值的有效性，并专注于通过考虑时间因素来识别自治模式的可能变化。最近的研究开始强调理解并购后整合过程和结果的时机的重要性（张琳等，2021；Chen 等，2022；王宛秋等，2022；王馗等，2022），并认为并购后整合的变化根源于组织环境的变化（Rouzies 等，2019）。例如，Marchand（2015）通过双方最初的活动协调对中国制造企业的整合演变进行的理论推演发现，如果初始活动协调顺利，中国制造企业将与标的方进行更多互动活动直至双方达到"共生"，否则，减少互动活动直至将标的方完全保留（即置之不理）。Graebner 等（2017）将并购后整合重新定义为一个多方面的动态过程。Schriber 等（2018）进一步指出灵活整合的重要性。Colman（2020）概念化了并购后的能力转移过程中收购方的动态。Daoa 和 Bauer（2020）重点关注收购后人员的整合视角，并分析了人员整合随着时间推移的演变。Safavi（2021）聚焦追踪整个整合过程中组织惯例的变化。Chen 等（2022）强调了中国收购者并购后整合期间企业内部和外部知识网络的复杂变化，从知识的视角提出了并购后整合与双知识网络并行的协同进化理论框架。然而，这些关于进化的研究结果仅仅揭示了中国制造企业自治模式的微小调整，如调节更多/更少的活动协调（Marchand，2017）或基于充分自治的资源依赖（Du 等，2020）。事实上，并购后整合流程面临着各种业务环境的突发事件，以及不断变化的组织和行业生命周期，显然不能通过简单的授予自主权或小幅调整来解决；两个实体如何随着时间的推移合并以应对这些挑战并实现收购价值仍不清楚。

第三节　文献评述

尽管有关中国制造企业并购后整合动态的研究越来越多，但目前的研究尚未考虑并购后整合动态过程中并购双方资源相关性（即资源相似性或互补性）变化的情景。回顾目前的学术争论可以看出，学者们一直在静态地强调双方并购前资源基础的相似或互补对并购后整合程度产生的影响（Chen 等，2021；刘志雄等，2024），没有研究考虑到合并后资源相关性的潜在变化，而这点却非常重要。随着时间的推移，双方的资源禀赋可能与合并前的资源基础有所不同。先前的静态观点研究表明，合并前资源的相似性或互补性会导致不同的整合程度，也会影响并购方授予标的方自主权大小（Chen 等，2017；张继德和张家轩，2022）；沿着这个逻辑，当并购后的资源整合随着时间的推移而浅浅展开时，整合程度（例如，标的方自主权大小）不应该是恒定的，而可能随着双边资源相关性的变化而变化。

许多研究试图找出中国制造企业并购后整合的影响因素，包括文化差异、制度因素或社会资本观点（de Oliveira 和 Rottig，2018；瞿霞等，2022；许家云，2022；余鹏翼等，2022；张明生，2022）。然而，实证经验证据仍然很少，特别是从资源角度的探析尚不丰富。目前，并购整合静态视角的相关文献包含了一些与资源相关的考虑因素。例如，学者们指出，整合决策取决于收购方和标的方之间在合并前资源基础的相关性，包括资源相似性和资源互补性两种情况（Chen 等，2021）。资源相似性意味着并购双方的知识和业务领域重叠，这可以促进双方的资源交换，因此，高度标准化的整合可以促进双方资源网络相互嵌入，进而丰富双方的资源基础；相较而言，资源互补指并购双方的资源互相补充，可以增强一方企业无法单独创造的协同效应，因此低度整合可以赢得标的方的信任，以增强对方与自己的合作意愿（Chen 等，2021）。也就是说，并购后的整合程度应与双方的资源关联度相匹配，通常来讲，资源相似度越高，整合程度越高；资源互补性越强，整合程度越低（Li 等，2019）。最近技术并购背景下的学术研究实证证明，与双方资源重叠相匹配的适当整合可以促进并购后的技术创新绩效（Wu 等，2021）。

并购后的整合决策并非一成不变，因为整合决策背后的资源要素可能会随着收购方访问和重组标的方的内部资源池而在并购后整合不同的时间阶段内不断变化。考虑到这些变化，灵活的整合将有利于产生更大的收购协同价值。然而，传统的静态研究很大程度上忽略了这些潜在的动态（黄嫚丽，2022；王宛秋等，2022）。因此，现有研究结果尚未揭示整合决策随双边资源组合或重新配置变化的演变，从而错过了研究不同资源关联度变化条件下并购后整合的动态差异。不同的资源关联性是并购后整合机制分析的出发点。目前，大多数研究聚焦探究中国制造企业在发达市场收购中寻求互补资源的案例（Edacherian 和 Panicker，2021；陈仕华和王雅茹，2022；吴小节和马美婷，2022）。随着中国经济的快速发展，一旦中国制造企业完成自身的产业升级，中国制造企业对发达市场同质性较高的资源的收购需求可能会大幅增长，而现有关于资源互补性的研究成果尚不能很好地迁移到资源相似性情境中。这说明，从资源关联性的视角，探讨不同资源基础情景下的中国制造企业并购整合模式长期的动态演化十分必要。

本书认为，资源依赖视角可以为揭示资源相关性变化下中国制造企业在发达国家并购后整合过程提供有前景的研究视角。资源依赖理论已成为解释"企业通过收购来管理其对所获得的外部资源的依赖以及双边资源流动的不确定性"的主要理论（Pfeffer 和 Salancik，1978；Wu 等，2021；赵宇恒等，2023）。在并购情景中，资源的相互依赖被认为是并购行为的重要驱动因素，而权力失衡通常是并购后资源整合的障碍（Du 等，2020；王文佳和魏龙，2022）。在并购后的资源整合期间，中国制造企业面临着获取资源的需求与减轻资源依赖需求的难题（Gaffney 等，2013；葛顺奇和万淑贞，2022；吴先明和马子涵，2022）。大多数中国制造企业在发达市场的收购都是因为发达市场的标的企业通常拥有中国制造企业所缺乏的高端资源，这就形成了一种"资源不对称"（Du 等，2020）。因此，中国制造企业的并购后整合并不是简单的资产增值，而是在依赖不对称的情况下重构关系，以产生最大的协同效应（Du 等，2020；陈小梅等，2024）。中国制造企业必须主动进行资源重组，减少对发达市场标的企业的资源依赖，同时反向增强标的企业对它们的依赖，从而在全球市场站稳脚跟。

进一步地，上述研究表明，更加动态的视角可以显著丰富中国制造企业并购后整合研究。本书认为，二元性是揭示中国制造企业自治模式向实际形式并购整合演变进而影响价值创造的非常合适的理论。组织的二元性指组织部署开发性和探索性创新模式的程度。开发性模式专注于改善组织当前的现金流，并表明组织在相对已知、可预测和安全的资源边界内运营的条件（Luo 和 Rui，2009；Roth 等，2024）。或者，由于组织发现自己处于鲜为人知、不可预测且风险更大的环境中，其中组织资源要么不太发达，要么用处不大，因此需要探索性模式（Luo 和 Rui，2009）。探索性模式侧重于试验和发现以创造未来现金流。组织管理探索和开发的能力包括整合组织边界内和跨组织边界的专业化（Roth 等，2024）。在跨组织边界的并购中，并购后整合的程度可以改变组织利用标的方和收购方之间的资源及能力的程度。更高程度的整合改变了标的方和收购方之间的合作方式，资源共享机会更加广泛。整合程度越低，自主权越大，标的方和收购方之间越可能会被孤立（对于跨境并购来说更是如此）（Roth 等，2024）。在这种情况下，分享资源的机会就不那么明显了。总之，组织进行并购是为了获得必要的资源和能力以创造价值，然而这些却经常会被丧失或被破坏（Luo 和 Rui，2009）。

可以说，目前学术界对并购后动态资源交互以及对并购价值创造结果的影响的理解仍然是一个未被充分重视的话题，有必要进一步的开展理论探索。因此，本书将资源相关性变化与中国制造企业并购整合的时间范围联系起来，将本书的第一个研究问题总结为：资源相关性变化背景下的中国制造企业海外并购整合将如何变化以及为何变化。具体来说，并购交易前双方的资源相关性/关联性（双方资源相似/互补）在并购整合后会如何变化？中国制造企业并购方所实施的并购整合模式或路径是否会随着并购后双方资源关联性的变化而变化？如果是这样，它们将如何变化？哪些关键因素会影响这种变化？本书的第一个研究将尝试基于资源依赖理论来回答这些问题。本书的第二个研究问题聚焦企业跨国并购后如何整合资源并影响最终的价值创造。并购后的资源整合是价值创造的关键，然而在实践中，并不是所有的整合案例都会产生价值创造，也有一些因为并购整合导致价值破坏而失败。因此，本书的第二个研究将基于二元性视角，探讨中国制造企业并购资源整合价值创造的问题。

第三章　基于资源依赖理论的中国制造企业跨国并购整合分析

第一节　背景介绍

本书建立在区分资源依赖理论的两个维度（即"依赖性不对称性"和"联合依赖性"）的理论逻辑基础上，提出有关从短期到长期重构并购整合过程机制的论点。资源依赖理论的双重维度提供了完整的框架，可以更广泛地了解中国制造企业并购后资源整合变化的丰富性。在本书中，将资源依赖的两个维度扩展到不同资源相关性背景下的并购后整合动态情景，即本书同时讨论了并购双方资源相似情境与资源互补情境。与此同时，本书也强调资源相关性变化在长期的并购后整合动态中的影响。尽管现有文献从静态角度的研究为资源相关性对整合程度的影响提供了丰富的见解，但他们忽略了并购双方的资源相关性可能随时间发生变化。本书通过将资源相关性的变化与并购后整合动态联系起来，从资源的角度填补了当前并购后整合动态研究的空白，充分解释了并购后整合程度如何随着资源相关性的变化而变化。

　　基于 Kale 和 Singh（2012）的新兴市场企业跨国并购整合基础理论框架，本书从两个方面定义中国制造企业的并购后整合："结构性整合"，即资源的结构性整合、标的企业的自主性（标的企业保留其原有的运营能力）以及双方正式或非正式的活动协调；"活动协调"，即并购双方之间的活动互动与合作。另外，本书采用 Wei 和 Clegg（2014）对资源关联性（相似性/互补性）的定义：产品（产品和产品相关能力）和网络（组织结构的内部网络和销售渠道的内部网络）的重叠特征。本书的基本概念框架如图 3-1 所示。

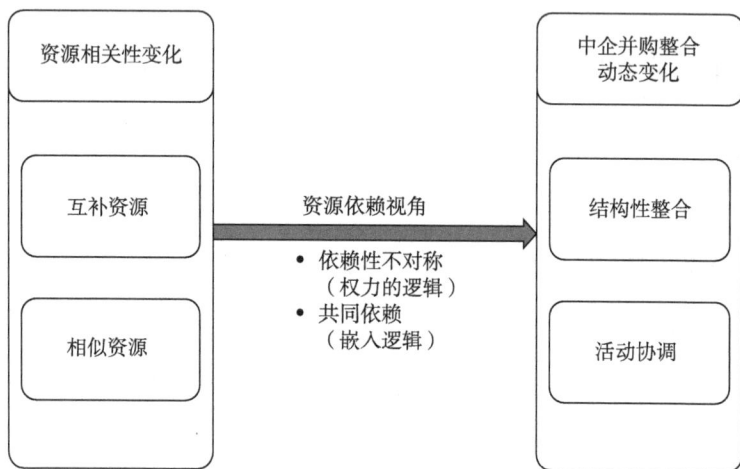

图 3-1　基本概念框架

第二节　基本理论：资源依赖理论

作为研究组织与环境关系的主导理论，资源依赖理论是组织理论和战略管理领域中最有影响力的理论之一（周伟和吴先明，2016）。企业并购研究是资源依赖理论的一个分支。自从《组织的外部控制》一书出版后，资源依赖理论就成为组织理论和战略管理领域中最有影响力的理论之一（周伟和吴先明，2016）。资源依赖理论认为，企业是内外资源的结合体。"资源依赖"被定义为一个焦点组织对环境中资源的依赖程度，而这些资源正好被环境中其他独立的组织所控制（Pfeffer 和 Salancik，1978）。为了获得资源，组织必须与它的社会环境相互作用。没有一个组织是完全自给的或能完全控制它自身存在所需的全部条件（周伟和吴先明，2016）。组织依赖于它们所处的环境，需要从环境中获取它们所需的资源。当组织面临生存问题时，会调整或处理它们所在的环境，而不仅仅是进行有效的内部调整。资源依赖理论被用于解释组织如何减少对环境的互依和不确定性，关注组织基于与环境中其他组织的互依而采取的策略行动，如并购、合资等（周伟和吴先明，2016）。

企业在成长过程中为获得异质性资源，不可避免地要与关键资源持有者建立合作关系，产生主体间关系依赖性。根据关系各方依赖程度的差别，资源领域的学者们广泛接受这样的观点，即两个组织受到相互依赖网络的约束，控制更重要资源的一方保留战略控制权；相反，实力相对较弱的一方依赖于实力较强的一方（Hillman 等，2009；梁裕珩等，2022）。Casciaro 和 Piskorski（2005）将资源依赖进一步细分为"相互依赖"和"权力不平衡"两个子维度，为资源依赖理论的发展做出了具有影响力的贡献。Casciaro 和 Piskorski（2005）强调，在重构依存关系的过程中，权力失衡使得拥有资源优势的一方更有可能抵制实力较弱的一方，以牺牲弱势一方的利益为代价而获取更大的价值（Casciaro 和 Piskorski，2005）。Gulati 和 Sytch（2007）进一步考虑了"相互依赖"的两个方面，将组织的相互依赖又细分为两个维度："依赖不对称"和"联合依赖"。Gulati 和 Sytch（2007）不仅关注依赖优势和随之而来的权力逻辑，还研究了通过嵌入逻辑（即"联合行动、信任、信息交换"）运作的联合依赖也可以影响组织间相互依赖的表现。在"联合行动、信息交换、信任程度"的调节下，联合依赖性影响整合结果（Gulati 和 Sytch，2007；黄晓东等，2022）。然而，大多数研究仅仅关注依赖不对称及其相关权力逻辑的整合调整（Wu 等，2021；胡杰武和吴晖，2022；周雪峰等，2022），而忽略了联合依赖对依赖重组的影响。事实上，组织可以通过同时调解权力逻辑的"依赖不对称"和嵌入逻辑的"共同依赖"两个方面重新解释资源。因此，本书基于 Gulati 和 Sytch（2007）对资源依赖理论的两个维度划分：依赖性不对称（权力的逻辑）和联合依赖性（嵌入的逻辑），关注在不同的资源关联性变化情景下中国制造企业并购整合决策如何随着时间的推移而变化。

第三节　数据收集与分析

一、案例精选

本书利用探索性纵向多案例研究，以比较中国制造企业在德国市场随着时间的推移进行资源整合调整的四次尝试。本书选择使用有目的的多级抽样案例（Wei 和 Clegg，2014；杜晴和潘丹丹，2024）。

第一层级涉及国家的选择。为了保持一致的国家制度环境，本书将潜在案例的收购方和标的方定位在同一个母国和东道国。近几十年来，中国企业的国际竞争力一直领先于其他新兴经济体；同时，中国制造企业收购发达市场高端制造企业一直是备受关注的现象，然而有关中国制造企业并购后整合动态变化的研究却处于起步阶段。在这种情况下，完善现有理论或建立理论新命题是最合适的。那么，德国市场为这项研究提供了合适的经验环境。作为中国最大的跨境收购目的地，德国企业拥有国际公认的制造企业专有技术和世界知名品牌。中国投资者在德国的战略资源收购比例保持较高水平。在本书中，如果中方收购了德国标的企业的 50.01% 以上的股份，并获得了德国公司的控制权和决策权，那么将认为德国标的企业被收购。同时，交易双方在交易前不应存在股权关系，所有案例均以相同的初始关联关系开始。本书的调研样本聚焦于制造业，因为制造业是中国投资者在德国市场的代表性并购目标。受德国先进技术的吸引，大约 51.8% 的中国资金流入德国制造业。在理论研究中，将样本集中于一个典型行业来探索一种现象是合理的，因为很难产生适合所有行业的理论结果（Schweizer，2005；范建红等，2023；万筱雯和杨波，2023）。

第二层级考虑所并购的战略资源与中国并购方的相似性或互补性，因为本书的目的是弄清楚不同资源关联度变化下中国制造企业的并购后整合动态。本书讨论所选案例应该已经完成大部分并购整合实践，因为本书的重点是并购后整合决策的调整。那些收购后尚处于第一年内的案例属于早期的非正式整合阶段，整合模式及其后续的变化实际上很难被观察到（Zheng 等，2016；钟超等，2023），因为实际形式的整合通常在并购交易完成后接下来的两年才能逐渐显现（Hoffman，2013；Stendahl 等，2021；崔永梅等，2023）。第一年通常是"安静的监督和观察"，而整合通常在并购交易后的两到三年内开始。因此，延长时间跨度可能会观察到更明显的变化（Hoffman，2013；廖东声等，2023；徐炜锋和阮青松，2023）。而且，将并购后整合的时间跨度延长至少四年前，应该会观察到更多的整合变化。

本书通过 Zephyr 提取了 2015 年后符合上述标准的样本，并进一步检查了标的企业股权已被中国制造企业收购了 50.01% 以上，排除了那些不涉及真正整合的财务类收购。本书手动审查了数据库以确保准确性并排除不符合研究标准的案例。本书选择了 2017 年前发生的案例，不包括重大资产或金融收购，并选择了实体公司收购。在删除了公司永久关闭的 8 个案例后，最终合适的样本约占整个数据库的 30%。本书特意选择了 4 个具有不同资源寻求方向的案例（见表 3-1），以便进行系统的不同资源相关性情境的比较。从理论上看，这些案例都是合适的，因为它们都经历了长期的战略调整，使本书能够通过考察参与并购整合演变过程的参与者的言行解释，深入地观察并购后整合调整实践。为了加强后续的跨案例比较，本书有目的地通过电话、电子邮件和个人网络对不同所有制中国制造企业发起的两个案例进行研究和初步分析。初步调查结果表明需要进行额外的研究。然后，进一步调查了两个涉及不同所有制中国制造企业的案例，结果重复，没有新的见解。鉴于 Eisenhardt（1989）的建议，即多案例设计中的 4~10 个案例足以被视为典型案例，本书以 4 个合格案例结束了研究。

表 3-1 案例描述

	案例 A	案例 B	案例 C	案例 D
并购年份	2015	2016	2016	2015
并购百分比（%）	100	100	100	100
企业类型（中企/德企）	私企/家族企业	少数股权国企（国家控股 23.06%）/家族企业	私企/家族企业	多数股权国企（国家控股 44.82%）/家族企业
成立年份（中企/德企）	1992/1919	1980/1891	2006/1946	1993/1945
员工人数（中企/德企）	22000/2300	28000/1200	1000/200	18000/150
行业（中企/德企）	中国最大的低端汽车零部件供应商/世界级高端电动汽车供应商	全球巨头企业集团：机场设施等/世界一流的机场救援车辆	中国中小企业汽车模具制造商/欧洲优质汽车模具制造商	中国中小型机床/世界一流大型机床
并购动机	升级国内产品组合	产品投资组合多元化	拓展欧洲市场	拓展全球市场
被并购前的德方状态	未破产	已破产	已破产	已破产
中企的前期并购经验	多项出口研发海外；首次海外收购尝试	大量出口并在发达市场发起多次收购	首次海外尝试（之前没有任何国际举措）	首次海外尝试（之前没有任何国际举措）
并购前的资源相关性	高度互补	高度互补	高度相似	高度相似

注：少数股权国有企业：政府控制股份低于30%；多数股权国有企业：政府控制超过30%的股份（Zhou，2018）。

资料来源：根据笔者的研究整理。

二、数据采集

本书主要从半结构化访谈收集了数据集。2017 年 3 月至 2022 年 11 月，通过面对面、电话或在线视频会议的方式对 32 名中德管理人员和员工等关键知情人进行了 38 次采访。他们可以为本书提供有关并购后整合举措和情况的深入见解以及他们内心深处的考虑。所有访谈均采用半结构化问题，以增强跨案例的可比性，并根据受访者的具体背景添加定制问题。每次采访持续 1~2 个小时，并进行完整录音和转录。访谈问题遵循一系列主题，要求受访者详细描述中国制造企业收购方所进行的整合举措和实施流程，如关键事件、主要参与者的职责和互动、他们经历的变化以及他们的看法。具体来说，本书关注并购后整合问题。例如，中国制造企业收购后如何管理德国的组织架构和运营业务？随着时间的推移，中国制造企业如何、何时以及为何改变其整合决策？本书还扩大了更多问题，特别是在资源方面。比如双方的产品、市场、商业网络等资源如何？双边资源的相似性或互补性随时间变化了吗？如果发生了变化，双边资源关联性具体发生了怎样的变化，以及这些变化对中国制造企业后续的整合举措有何影响？等等。所有采访均保持开放，以便鼓励受访者进行详尽的叙述。本书还对采访进行跟进，以获取遗漏或模棱两可的细节，以及扩展更多必要的问题。本书还收集了相关公司的档案材料，如年度报告、政策和手册，以便确认或否定采访印象和数据三角测量。本书试图收集中德双方部门和层级的多种意见，对不同受访人的信息进行交叉核对，减少追溯偏差。信息提供者的信息概述如表 3-2 所示。

表 3-2　受访者的相关信息

案例	所处部门	职位	工作年限	受访次数	时长（分钟）	受访语言	受访形式
A	高层管理团队	采购供应链部总监	6	1	60	汉语	电话
		中方全球并购业务总监	6	2	60	汉语	面对面
		欧洲并购业务负责人	5	1	30	汉语	电话
	市场营销部门	销售业务人员	4	1	110	汉语	电话
	金融财务部门	金融财务主管	5	1	40	汉语	电话
		法律主管	8	1	20	英语	电话
	人力资源部门	人力资源总监	5	1	40	英语	电话
	技术部门	德方技术人员	10+	1	120	汉语	电话
		中方轮换人员	5+	1	40	汉语	线上视频会议
		德方技术总监	10+	1	40	汉语	电话
B	高层管理团队	总经理 CEO	5	1	40	汉语	电话
	人力资源部门	人力资源经理	10+	1	120	汉语	电话
	市场营销部门	并购部门员工	4	1	90	汉语	电话
	金融财务部门	中方金融财务人员	4	1	20	汉语	电话
	技术部门	德方技术高管	10+	1	40	英语	Skype
		中方外籍技术总监	10+	2	50	汉语	电话
		中方轮换人员	5+	1	50	汉语	线上视频会议

案例	所处部门	职位	工作年限	受访次数	时长（分钟）	受访语言	受访形式
C	高层管理团队	总经理 CEO	4	2	180	汉语	电话
		总经理助理	4	1	95	英语	电话
	人力资源部门	人力资源总监助理	4	2	150	汉语	电话
	金融财务部门	会计人员	4	1	150	汉语	电话
	市场营销部门	中方市场总监	7	1	140	汉语	Skype
		德方市场总监	10+	2	190	英语	Skype
		并购业务部门总监	4	1	60	汉语	Skype
	技术部门	厂长	10+	1	30	英语	Skype
		中方轮换人员	5	1	20	汉语	线上视频会议
D	高层管理团队	总经理 CEO	7	1	140	汉语	Skype
		欧洲区并购业务总监	5+	1	20	汉语	线上视频会议
	市场营销部门	中方市场总监	10+	2	30	汉语	线上视频会议
		德方市场总监	10+	1	190	英语	Skype
	技术部门	德方技术人员	4	1	60	汉语	Skype
		中方轮换人员	5+	1	20	汉语	线上视频会议

注：部分受访者是在德国出生的中国人或从德国大学毕业后直接在德国标的企业工作的中国人。所以，他们的意见可以代表德方的意见。

资料来源：根据笔者的研究整理。

三、数据分析

本书旨在通过建构主义的扎根理论技术对数据进行归纳分析，以构建基础理论框架（Gioia 等，2013）。本书使用计算机支持的

MAXQDA 软件遵循定性数据的典型内容分析过程：逐行读取数据，从数据段中发现线索，用代码识别主要事件，将它们框入有意义的单元中。首先故事有开头、中间和结尾，其次构建一个按时间顺序表示的有序统一整体，从而创建连贯的故事，最后分析故事说明的潜在见解（Consoli，2021）。作为处理具有各种数据源的大量碎片定性数据集的系统工具，MAXQDA 提供了单一平台来促进多种叙述性数据分析活动，如编码、解释集成多种格式的数据（文本、图形或视频）以及通过最大限度地提高透明度来提高质性研究的严谨性（Oswald，2017）。与 NVivo 等其他软件相比，MAXQDA 的编码过程比较直观，这使得 Gioia 等（2013）的建构主义扎根理论可以通过递归地建立强大的分析类别以及可视化数据集之间的关系来生成新兴理论（Kalpokas 和 Radivojevic，2021）。

本书通过"叙事主题"的编码程序对访谈数据进行定性内容分析（Gioia 等，2013）。

第一阶段，在通读访谈内容后，初步确定了并购后整合过程和前因的两个主要主题代码集。然后，通过推断采访记录的文本片段来深化主题领域分析。与主题领域相关的每个文本片段都被（重新）编码，以更准确地围绕特定的叙述主题，并确定每个主题的相应代码和子代码。例如，当本书注意到一些参与者对关键前因的看法突出了不同能力的概念时，本书创建了"动态能力"的子主题。本书使用开放编码方法从案例 A 中开发了新兴主题。从资源依赖的角度，本书对第一个代码集"并购后整合"进行结构集成和活动协调编码，在依赖不对称（权力逻辑）和联合依赖（嵌入逻辑）两个维度上跟踪关键事件的序列（袁亮等，2024）。本书将信息提供者的语言描述（如中国制造企业的结构嵌入、冲突和响应）总结为相互排斥的描述性短语，作为第一阶结构，以捕获中国制造企业的微观层面整合举措和行为（Gioia 等，2013）。然后，本书检查了这些结构的逻辑关系，并将它们聚合成二阶主题，使用了参考资源依赖理论文献的更抽象的学术术语（Gioia 和 Thomas，1996）。由此，本书找出了资源依赖两个维度上并购后整合变化的顺序，并用更抽象的学术术语将这些主题进一步聚合到第三个维度，从而将整合时间线分解为温和式整合初始阶段（合作伙伴关系）和平衡依赖或极端依赖的整合中后期阶段这两个不同的变化时期。通过整理调研数据之间的初步关系，本书从资源依赖的角度构建了中国制造企业并购后整合动态的初步框架。本书专注于解决第二组"关键前因"代码。基于相同的编码逻辑，本书特别从资源关联性的角度剖析了双方产品、网内网间的重叠特征等前因，并发起了新一轮的编码。在编码过程中，本书发现，中国制造企业的能力也发挥着不可或缺的影响，因此标注了相应的理论代码。观察这些代码之间的关系，排序它们的顺序，进一步分析并购后整合代码的因果关系和关键前因，初步构建资源相关性、并购后整合和资源依赖的理论关系。

　　第二阶段，本书根据第一个导频情况编码过程分别对其他三种情况进行编码。

第三阶段，本书继续进行跨案例分析以检测更精细的代码。复制逻辑可以辨别试点案例的理论关系是否可以通过使用其他案例作为独立实验来验证（Eisenhardt，1989）。通过比较案例代码之间的逻辑，本书整理了案例之间相似的做法、观点和问题，并试图找出差异。本书观察到，随着时间的推移，中国制造企业最初的温和式整合在所有资源相关性情况下都得到了不同程度的加强，其中，不同的资源关联性变化和中国制造企业的能力产生了显著影响。换言之，从资源依赖角度米看，中国制造企业并购后整合动态与资源关联度变化的理论关系已被反复证实，并已达到理论饱和。本书分别将具有相似或一致模式的案例配对。Brown 和 Eisenhardt（1997）强调，有限的案例可以使研究人员适当地平衡大量数据并产生合理的理论。因此，本书通过四个案例完成了研究。表 3-3 中显示了通过 MAXQDA 软件对访谈数据编码的最终输出（附录 1 为访谈大纲，附录 2 和附录 3 是本书 MAXQDA 编码系统中的相关关键图）。

表 3-3　MAXQDA 访谈数据编码输出

一阶构造	二阶主题	三阶维度
• 保留所有德国原始资源为原样 • 所有部门均保持原样 • 德国人拥有一切自治权	结构性独立	合作 （初期第 1 年）
• 频繁的活动协调与沟通 • 人员轮换频繁（每次约 15 名经理和工程师）	几乎无 活动协调	

一阶构造	二阶主题	三阶维度
		↓
• 权力渗透：有选择地利用中国的集中控制方式来管理德国的营销、供应链等部门 • 结构统一：将德国高层管理团队纳入中国总部管理团队 • 德国其余部门保持原有状态，具有高度自治权	结构性依赖	平衡依赖 （中后期自 第2年起）
• 联合工厂、联合团队、联合研发中心等将双方紧密结合在一起 • 技术和两个市场相结合的双边产品组合	联合行动	
• 向德国人分享中国全球供应链和供应商 • 市场形象支撑 • 财政支持	资源共享	
• 中国人在德国的形象和美誉度逐渐提升 • 双边高度情感承诺和凝聚力	信任形成	
		↓
• 保留所有德国原始资源如收购前一样 • 所有部门均保持原样 • 德国人拥有一切自主经营权	结构性独立	保存 （初期第1年）
• 双方罕见交流 • 人员轮换少（中方股东很少来）	无活动协调	
		↓
• 权力渗透：充分利用中国的层级集权控制方式，管理德国所有部门 • 原德国高层管理者失去控制权	结构性控制	极端依赖 （中后期自 第2年起）
• 严格控制德国人的商业运作 • 迫使德国人支持中国总部的生产	辅助行动	
• 德国生产设备等生产资料有限 • 原来的欧洲市场乱了	资源限制	
• 德国的敌意和对中国行为的负面解释 • 财务成本和声誉损失 • 不稳定的业务关系和机会主义行为	信任受损	
		↓
• 案例AB双方产品资源和市场网络互补性强 • 案例CD双方产品资源完全相同，市场网络互补性强	并购前 资源依赖	资源相关性 （变化）
• 在案例AB中，随着创建投资组合，产品的双边资源越来越相似 • 随着德国进入中国市场，案例AB中双边市场网络资源越来越相似 • 双边产品资源完全相同，市场网络相似度高，迫使德国支持中国	资源相关性 变化	

续表

一阶构造	二阶主题	三阶维度
• 中国制造企业对德国员工专业精神威胁的看法 • 跨国企业在德国对中国收购的态度构成威胁方面的看法 • 中国制造企业在收购前对德国地位威胁的看法	对潜在威胁的感知	动态能力
• 中国制造企业对德国发展潜力的看法 • 中国制造企业对双方合作潜力的看法	对发展的感知	
• 中国制造企业使用德国资源的能力，如管理国外站点的经验 • 中国制造企业与德国人互动的能力，如懂英语或德语的人才	利用能力	

资料来源：根据笔者的研究整理。

四、案例 AB：合作——平衡依赖

（一）合作（并购整合初期：第 1 年）

1. 依赖性不对称——权力的逻辑

结构独立。中国制造企业并购方保留了德国标的方原来所有的资源和业务。德国的高管团队并没有人被替换或裁员，而是一如既往地保持着极大的经营和管理自主权；德国标的方内部的老员工退休后，内部的年轻员工会得到晋升。通过这样做，中方防止了德国高层管理人员和关键技术人才的流动，并激励了这些德国劳动力。

唯一的变化就是在标的方原有的德国财务制度的基础上，建立了中国标准的财务报告制度，要求德国财务主管向中国的财务总部进行月或季度的财务状况报告。另外，对饱受资金困扰的德国标的方来说，更好的事情是，中方为德国标的新投资了大量资金，用以重建办公室、员工食堂和工厂，以此支持德国业务的尽快恢复和发展。

2. 联合依赖——嵌入的逻辑

活动协调很少。在初期，只有一名中国高层管理者被中方母公司派往德国，充当"沟通桥梁"的作用，主要工作是要协调双边的需求，比如将中方母公司的要求传达给德国标的方，或将德国标的方的资源等需求转达中国母公司，并及时协调资源支持。但这位"沟通桥梁"不能干预德国标的方的管理和经营行动，只能提供或转达一些母公司的战略发展建议供德方进行参考。这位"沟通桥梁"阐述道："当中方股东与德国标的方发生管理或经营冲突时，我会从中国的角度向德国人解释为什么中国股东会给他们这样的指示或表现出这样的担忧，让德国人更容易理解中方的考虑；或者，反过来，如果德国人做了一些中国股东难以理解的事情，我也会向中国股东解释德国人的想法，让中国股东更容易接受。"

双方频繁的沟通和持续的人员轮换促进了相互理解。双方积极共同创造每周和每月一次的三小时会议。中国股东和中方高层以及所有德国经理通过在线方式开线上会议，或亲自到德国总部进行面对面会议。德方高管称赞中方在会议和私下谈话中的及时反馈："他们在交易一开始就向我们明确地传达了他们未来五年的发展蓝图。他们（中方股东、'沟通桥梁'）都很和蔼可亲。他们经常询问我们的想法和意见，甚至是我们工厂工人的想法！他们办公室的大门随时向我们敞开。"除此之外，项目协调关注也是这种温和式整合的重要组成部分。中方母公司而后又陆续派出10多名中国员工赴德国开展支援活动，并有机会学习德国先进的企业管理理念。

（二）平衡依赖（并购整合中后期：自第2年起）

1. 依赖性不对称减少——权力的逻辑

结构性依赖。很明显，中方不仅仅局限于对德国人进行财务报告的最低限度控制，开始逐渐渗透到德国标的方内部，旨在争取更多权力。经过第一年的"观望"，收购方A中的"沟通桥梁"升任德国标的方的采购与供应链部总监，开始主动介入德国的具体经营业务。与德国高层管理团队一样，他开始拥有同等的公司管理决策权，尤其是，采购和供应链的相关问题需要他的最终许可。同年，德方将其资产注入中国母公司集团，在中国A股上市；德国的高层管理团队加入了中国母公司的董事会，为中国母公司集团的整体利益做决策。收购方B用典型的中国母公司式"中国执行委员会结构"（其中包括一个中方控制的常任席位和六个欧洲分公司的轮值席位），以及中国母公司集团标准化的"集团规则"取代了德方原来的扁平化管理体系，这些规则使得德方先前极为松散分散的欧洲分支机构汇集并体系化了起来。然而，中方并没有试图整合所有。目前来看，它是一种非侵入性的精益正式结构整合，通过结合基于结构联系的统一体并平衡预算批准和监测共同愿景实现情况中的关系，减少依赖性不对称。

2. 联合依赖性增加——嵌入的逻辑

（1）联合行动。中方总部有选择地标准化德国采购供应链，由以前仅以德国品牌的名义进行的标准不一的分散式采购，调整为与其他中国在欧洲的子公司一样，以中国母公司集团的名义进行全球的整体的采购。收购方 B 推荐德方更换供应商为位于中国和韩国的亚洲供应商来取代之前的欧洲供应商。理由是亚洲供应商可以以较低的成本提供可靠的原材料，从而降低德国产品生产的采购成本，同时保持德国产品的质量；以打造国际化高端供应商为战略目标，中方瞄准德国的产品和研发能力，"我们把他们（德方）的产品和我们的产品结合起来，扩大我们的产品服务范围。两方之间的合作使我们能够进入最需要的、更有利可图的重点产品领域。实际上，我们同在一艘船上，虽然有不同的风帆，但两面风帆都推动着船的前进"。在短短两年内，德方在中国建立了一个联合工厂，以便其在中国当地开展业务。通过结合双方的销售队伍和产品组合，双方都节省了更多的运营资金。

（2）资源共享。中方在市场形象支持、资金支持等关键方面与德方进行战略共享。除了第一年对实体建筑的投资外，收购方 A 还向德方对研发部门提供了 5400 万欧元用于开发新的产品组合，远远超过了德方研发部门以往的可用资金。中方的市场形象支持对于德国人克服物理距离并降低在中国市场开展业务的巨大成本至关重要。中方提供市场运营支持并管理一切，以应对中国制度环境，使德方能够以高工作效率专注于研发生产高质量的技术产品。通过将德国人连接到中方市场的资源网络并共享特定位置的信息，为德方提供了持续的市场链接，这给德方带来了实实在在的好处，并使德方可以通过快速了解中国客户的特殊需求而与中国组装团队打交道。

（3）信任形成。随着德国人在中方的支持下逐渐打开中国市场，中国收购方在德国社交媒体和公众中的形象和声誉也显著提高，并与德国当地主要社会群体和当局建立了深厚的信任和互惠关系。紧密的依存关系使双方获得了优越的经济回报。它使参与者的态度发生转变，并购双方更加关注彼此的需求必要性和反应，从而形成令人满意的联系。高度依赖可能会带来高度的情感承诺和凝聚力，从而导致冲突解决的长期导向，并愿意为了互惠互利而放弃一部分自身利益。更大范围的交流和行为上的团结，利于开展更加协调的互动活动，以实现更大的战略重叠，创造了双方共同发展的环境。

五、案例 CD：保存——极度依赖

（一）保存（整合初期：第 1 年）

1. 依赖性不对称——权力的逻辑

结构独立。在此类别的案例中，中方的主要表现是：除了立即合并德方多年的知名品牌之外，其他所有德国资源均保持不变，德国的高管团队保留了较大经营自由裁量权，所有的德国员工继续工作。中方的这番表现让德国人将这次收购视为"有希望的复兴"，因此，对在这次收购中为他们带来大量资金的中国人表示了极大的热情欢迎。

2. 联合依赖——嵌入的逻辑

没有活动协调。然而，实际情况并不像看上去的那样。与中方沟通和反馈的不畅让德国人感到困惑：中方没有派遣协调双方需求的人员；即使是中国股东也很少参与到德方的运作管理中。案例 A 的德国员工抱怨说，"我们的中国股东只有在来拜访欧洲客户时才来我们公司看一眼。而且，即使她来了，她也不怎么认真听我们所说的话。我们不得不一次又一次地重复我们的运营情况和需求。但她看起来并没有认真对待我们的需求"。在这类别案例中，中德双方之间的信息往往是不透明的。"看来她（中方股东）并没有明确的发展计划。我们实际上不清楚她到底要做什么。她经常改变主意。她的行动往往与她之前跟我们说的计划不同。"一个案例中，中方也没有部署任何类型的活动协调，他们的解释是："德国品牌在全球市场上享有很高的认可度。他们的欧洲客户认为，德国品牌一旦被中国人收购就会变得不纯粹了。所以我们打算像以前一样保留他们的品牌。因此，我们将德方的资源保留为原样子，以防止德国品牌被稀释。"

（二）极度依赖（整合中后期：自第2年起）

1. 依赖不对称加剧——权力的逻辑

结构控制。中国收购方对德国标的方进行了严格的控制。从第二年开始，中方突然在德方的组织架构中引入了所谓的"双层"管理体系。他们派了一个中国高层管理人员来担任德方的总经理，并且有权利掌控德方组织运营的一切；而德国原来的高层管理团队则被剥夺了原来所有的自主权。尽管双方实体之间存在着非正式的整合，但德方的管理层却受到了对中方严重的从属依赖。"我们已经被他们（中方）控制了。我们中国股东现在管控着一切。我们做任何事情前都需要她的授权。他们没有给我们留下任何自主权，所有的自主权都突然被他们收回了！"所有的德方文件都必须由中方总经理签署之后才能运作，而中方总经理像一个傀儡一样，每一件事，比如物资采购，甚至具体项目的实施步骤，也都要等待中方股东的许可。很快，C 案例中的中方总经理因与中国股东的管理理念冲突，在没有被通知的情况下于一天早上突然被中国股东解雇；与此同时，一位没有任何业务和管理知识的中国股东的亲信迅速取代了中方总经理这一职位。D 案例中的中方总经理的更换非常频繁，前后有五位总经理。有时候甚至德国高层管理团队是最后得知来自中方的经理人被调动的消息。决定完全由中国股东做出的。控制似乎在不考虑后果的情况下进行的。与此同时，其他部门的许多普通员工也被莫名其妙的借口所解雇。

2. 联合依赖破坏——嵌入的逻辑

辅助行动。德方在被收购后第一年运营表现为经济损失严重，这引起了中方股东的极大愤怒。收购方 C 最初热衷于获得欧洲这边的销售渠道，但现在开始认为德国产品线没有任何价值。由于没有重新启动德方产能盈利的信心，收购方 C 将德方视为利润较低的生产功能场地，开始剥离德方场地，将德方作为辅助中国总部母公司产品生产制造的辅助中心。然而，即便是这种单方面的协助也未能成功，"中方股东各种文件的审批持续时间很长，而且大多数都受到阻碍。我们实际上处于一个黑匣子中，因为我们没有任何可以联络的中方对话者。而且，我们也不被允许进入中国市场，他们说这样可以保护中国母公司在中国市场的市场份额"。在案例 D 中，中国收购方要求德方通过批量生产零部件的方式来支持中国母公司那边的生产。然而，现实情况是，德国工厂无法大规模生产小尺寸的零件，因为德方的手工车间专门用于大尺寸零件的生产。德方的生产被拖入混乱之中。

资源限制。德方一些关键的生产设备——旧压铸机——因为年代久远而出现故障；然而，收购方 C 并没有投入资金支持进行修复，或者购买新设备，而是剥离了德方的压铸业务（这本是德方曾经的主营业务），要求其转换精力，专注于机械零部件加工等低利润的辅助业务。在实践知识转移方面，德方一些精心策划的项目被中方"遗忘"了。双方的技术合作非常有限，人员轮换效果也不佳。D 案例中的中方考察组在参观完德国工厂后并没有采取后续行动，他们完全无视德方提出的在中国总部设立专门小组、将德方做法转移到中国工厂的建议。"我们不太明白他们为什么来拜访我们。他们看上去更像是来旅游的，而不是来学习的！"

信任受损。由于被迫严重依赖于中方，德国人开始倾向于从负面角度解读中方的行为，由此产生的对抗性敌意限制了中方解决摩擦的行为灵活性，并加剧了随之而来的财务成本和声誉损失。事实证明，这种关系变成了一场令人恼火的讨价还价拉锯战。对抗性的接触激怒了双方之间不稳定的业务关系和机会主义行为，导致了更严重的成本牺牲。这种信任损害增加了由于性格不相容而引起的双方操作摩擦和关系冲突，这些摩擦和关系冲突更加严重和持久，使被并购方的对抗更加有害。

六、关键影响因素

（一）合并前资源关联性（初始阶段）

重新审视这两组案例，本书发现，最初的整合选择与双方并购之前的资源关联度密切相关。在第一组案例中，双方并购之前的资源相互之间具有很强的互补性，产品品类和客户群都不相同。德方的业务成熟，是高端制造装备的领先供应商，服务于欧洲市场，制造基地和供应商遍布德国市场，销售渠道遍布欧洲大陆；中方提供低端产品，主要服务于中国市场，其生产基地、供应商和销售渠道主要在中国。中方并购资源整合的目标是通过德方产品组合来升级现有的中国产品品类和产品线，并同时尽可能地保持原有的德方业务持续盈利。尤其是当双方资源不对称，即德方拥有相对资源优势，拥有成熟的产品和全球知名品牌，而中方处于劣势。从理论上看，资源优势方通常会抵制资源弱势方（Wu等，2021；卿琛和张新民，2023；张晨宇等，2023）。在这种情况下，对于处于资源弱势的中方来说，明智的做法是采取妥协的伙伴态度，以缓和德方的敌对情绪，增进双边埋解。

相比之下，第二组案例中的并购双方虽然服务于不同国家的市场网络（双方专注于各自的市场），但双方在产品资源上高度重合：产品类别处于完全相同的业务领域。也就是说，双方资源的相似度相对较高。中方主要将德方视为进入欧洲市场网络、覆盖更大市场范围的欧洲桥头堡。因此，对第二组的中国收购方来说，他们没有必要像第一组案例的中方一样调整或干预德国的业务，只需要维持德方继续为他们原来的欧洲客户服务即可。与此同时，与中方母公司的员工数量相比，德方员工数量少很多，因此显得规模很小。一般来说，资源弱势方通常更多地依赖于实力较强的一方（闫海洲和张桁，2023；Wu 等，2021）。与第一组案例人员规模较大的收购相比，第二组的德方标的相对于中方来说处于资源劣势，在中方的发展网络中的战略地位相对较低，因而较少受到中方的重点关注。正如他们德国人抱怨的那样，"我们就是他们豢养在欧洲的一个'小妾'。我们好像不值得被她（中国股东）太多关注"。

（二）动态能力和资源关联性变化（中后期）

本书认为，中后期并购后整合的调整似乎主要是由中方动态能力的相互作用触发的，包括对威胁与发展的感知能力和对资源的利用能力，以及双边资源关联度变化。第一组案例在中期进行适当的结构整合的前提是，除了初期的双方合作奠定了相互理解的良好基础之外，中方在收购前对潜在威胁发生的防范方面做得很好。一般来说，在并购交易中，标的方通常会为了更高的讨价还价而隐瞒他们糟糕的实际运营情况。而收购方 A 强调，"在收购时，我们有一个原则：我们只购买那些明显处于良好状态的标的，我们绝对不买那些破产的标的，无论他们的售价多么便宜"。他们的另一个收购原则是：他们要收购标的方的管理团队积极支持中方价值观的标的，这为并购后的中方权力的渗透铺平了道路，能够大大减少调整双边权力依赖不对称的障碍。"如果标的方的管理层都不支持我们的理念，那么无论我们的资源有多么互补、多么互相需求，我们都不会购买这样的标的。"

中期的结构依赖增加了双方决策程序等内部管理网络和全球供应商渠道等网络间的重叠，双方的资源相似性逐渐增强。中方对双方未来发展和资源利用能力的认知促进了后期的共同依赖。双方产品潜力和市场覆盖互补，可以将合并后的新产品线和产品类别引入中方所处的低端产品已经饱和而高端设备需求巨大的中国市场。"他们德国人也愿意进入中国市场。我们的产品组合可以服务于需要高端产品的新中国客户群，从而赢得更多的中国市场份额。"尽管缺乏海外并购经验，但中方已发起过多项国际出口投资交易，掌握了管理多元化全球业务的丰富管理知识，中方的高管和关键技术人员掌握流利的英语有高度的专业精神，能够与德国经理和工程师有效互动，及时处理管理和技术问题。所有这些能力都支持了中方能够通过联合行动和资源共享帮助德方适应快速变化的中国市场。创建的产品组合使双方信任度继续增强，产品相似度和双方的市场覆盖范围进一步重叠。

相对而言，在第二组案例中，中方虽然具有资源利用意识，但缺乏动态管理的能力。通常，从理论上讲，当双方产品高度相似时，收购方应该尽可能消除供应链方面的重复消耗，以此可以降低双方的生产成本，共同实现规模经济；而当市场网络资源互补时，收购方应该选择较低的整合程度来最大化双方的市场份额（Chen 等，2017；范黎波和林琪，2023）。然而，在第二组案例中，中方无视标的方潜在的管理威胁，让事情的发展走向了另一条路。实际上，德方在被购买之前就已经存在巨大的管理危险。但中方直到并购之后才察觉到。当德方在并购之后第一年的利润大幅下降时，德方各部门之间互相推卸责任。首席执行官抱怨道："你敢相信吗？我们的组织结构有问题。我们没有预算部门，我们公司都没有人负责做预算。我们的销售人员甚至不知道他们签的订单是否有利可图他们就敢签订单。有许多谁都解释不清楚的损失。"事实上，这些管理缺陷在收购之前就已经很明显了。比如说，在被并购之前，这些德国员工曾经恶意提高员工的最低工资，以骗取德国政府的补贴，却没有人关心公司的死活。在交易前的尽职调查阶段（准确地说，他们并没有进行严谨的尽职调查），中方忽视了审视这些德国员工的个性以及他们对中国人收购他们的态度，而只为当时抢到了这家交易金额颇为廉价的德国公司而沾沾自喜。

在并购后的整合期间，很多项目都被德国人以中国人不懂德国的商业法等为借口而一直拖延。双方之间的讨论和争吵花费了难以想象的时间和金钱，这让中方严重怀疑这些德国人在骗中方的钱，因此中方觉得他们不得不控制一切。这使得网络内的双方组织结构变得高度一致，进一步加剧了德国人对中方的情感抵制。

此外，中方的业务能力似乎也相对较弱。其实，中方在中国市场也是连续亏损，所以，更无法正确认知德方标的的发展方向。在中国总部，这些中方企业其实是主要依靠地方政府的财政补贴和暂缓贷款支持生存。这样一来，在管理德国人的时候，问题就变得更加严重了。管理人才和技术人才的匮乏，严重削弱了双方共同依赖的潜力：中方总经理是一名化学专业的年轻硕士毕业生，根本不懂压铸技术；来德国的中国轮值人员不会说英语，也不会说德语。中方看不到德国产品线的潜在价值，于是通过辅助行动和资源限制将其剥离，将注意力转移回中国，错误地将德国标的变成了支持中心。放弃德国品牌让双边网络（销售渠道和供应商）变成了同样的中国市场网络覆盖和客户群，错失了挖掘欧洲市场的价值潜力。双边产品、网内、网间的重叠特征变得极高。

第四节　本章小结

本书通过区分两类资源相关性的变化情境，分析了基于资源依赖背景的中国制造企业在德国市场并购后整合的动态发展问题，并得出以下结论：尽管在初始阶段都可能会采取"温和"式整合，中国收购方可能随后会采取不同的整合举措来调整和整合所并购的不同资源。中国收购方将很可能改变最初的温和整合（合作/保留）以平衡依赖（并购前资源互补性降低而相似性增加），或者转向极度依赖（并购前资源相似性不断提高直到极高）。并购前的资源关联性基础和后期的变化以及中方的动态能力（对威胁与发展的感知能力和对资源的利用能力）构成了中国制造企业在不同阶段整合发达市场标的方的动态决策基础。具体来说，本书的调研结果表明，中国制造企业传统的温和式整合并不总是有效的，而是在不同的资源相关性变化的状态下，可能会随着时间的推移在不同方向上加强整合力度：在资源互补的情境中，随着整合的进展，合并前的互补性资源会逐渐减少而资源的相似性逐渐增加，中国制造企业会改变最初的温和合作伙伴关系，通过减少依赖不对称性和增加联合依赖（联合行动、共享）来平衡依赖（资源和信任形成）；在资源相似性的情境中，随着整合的进展，并购前双方的相似性资源会不断叠加直到极高，中国制造企业会通过加剧依赖不对称性和破坏联合依赖（辅助作用、资源限制和信任损害），将最初温和的"保存"式转变为（反向）极度依赖。除了双方资源相关性变化外，中国制造企业的动态能力（即对威胁和发展潜力的感知能力和对资源的利用能力）是推动并购后整合向平衡依赖或极端依赖转变方向的重要因素。

本书同时考虑了资源依赖的两个方面（即依赖不对称性和联合依赖），从而拓宽了资源依赖理论在跨国并购文献中的应用。更重要的是，本书的独到之处在于考虑了并购双方资源相关性的动态变化与企业并购整合动态的交互作用，有力地弥补了目前静态视角的研究仅考虑并购前资源相关性影响收购方整合而缺少动态考虑资源和整合变化的不足。本书的调研结果为面向发达市场进行并购活动的中国制造企业，根据与收购标的的资源关系变化灵活调整各个时期的整合决策提供了新的见解。

第四章 基于二元性视角的中国制造企业跨国并购价值创造机制分析

第一节 背景介绍

一般而言，企业并购后的整合本质上需要以各种方式和不同程度将标的方纳入收购方（Brueller 等，2018；孙黎和张弛，2023；张春美等，2023）。如前文所述，给予标的方充分的自主权只能保证双方短期的合作和稳定性，而长期的组织成长和获取利益则取决于有效培养"自主"和"整合"互动的纽带。也就是说，实现并购价值创造需要一定程度的控制，而不是简单的自治。在中国制造企业跨国并购情境中，这意味着中国制造企业必须施加某些实际形式的控制才能实现两个实体的真正合并。本书认为，了解中国企业并购方的跨国并购后整合如何随着时间的推移结合自主性和某些实际形式的整合对于实现并购价值创造至关重要。本书的中心研究问题是：中国制造企业管理发达市场目标的自主整合模式如何演变为实际形式的整合进而影响价值创造？因此，本书重点关注"如何"（中国制造企业如何启动和发展整合）而不是"为什么"（中国制造企业部署整合行动的动机）。

本书认为，二元性（结构性、时间性和情境性）视角可以应对企业战略更新的挑战（Gibson 和 Birkinshaw，2004；孙美娇等，2023）。基于二元性理论，灵活的整合方法可以为组织的生存和发展提供额外的机会（Almor 等，2014；孙美娇等，2023）。灵巧性需要满足当前的管理需求，同时适应不断变化的商业环境（Birkinshaw 和 Gupta，2013；刘云华和任广乾，2023；王旭超等，2023），使其适合观察并购后整合流程中自治和实际形式整合的长期相互作用。因此，本书的目标是通过二元性视角，进一步研究分析中国制造企业的自主式并购后整合随着时间的推移与实际形式的整合相互作用进而影响收购价值。继续基于前项研究，本书通过收集描述并购后整合行为的访谈数据，解析中国制造企业在德国市场发起的并购案例，以解决本书的研究问题。在这些案例中存在价值创造成功和失败的情境，这使本书成果更加丰富。本书明确地揭示了中国制造企业自主式并购后整合在结构、时间和情境二元性方面向实际形式整合的三个阶段演变过程，进而划分了不同程度的实际形式整合演变对最终价值创造或价值破坏的影响。本书将"价值创造"视为一种结果而不进行量化测量，对"价值创造"的维度设计参考了 Wei 和 Cleggb（2017）对"价值创造/价值破坏"核心维度的分类分成"资产接入/损失"和"时间加速/滞后"这两个核心维度。本书的基本概念框架如图 4-1 所示。

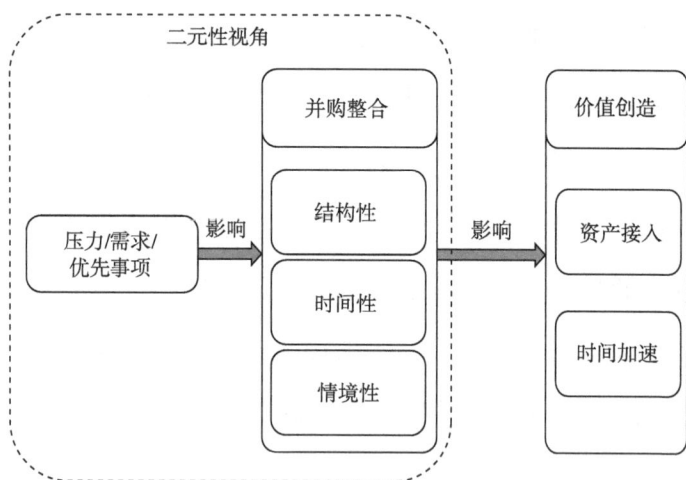

图 4-1　基本概念框架

第二节　相关理论：二元性

二元性背后的简单逻辑是，组织不同发展时期的需求在某种程度上总是存在冲突或优先事项，需要权衡取舍（Gibson 和 Birkinshaw，2004；程思佳等，2024）。为了改善长期发展，一个成功的组织通常会在不同时期协调矛盾的紧张局势或优先需求（Gibson和 Birkinshaw，2004；刘李胜，2024）。跨越两个国家和组织边界的跨境并购后整合需要协调或重新配置全球网络中的资源。由于不同程度的空间分离，在不同的整合阶段，可能会出现不同的紧张局势、冲突的需求或优先事项，因此需要在"自治"和"实际整合"间进行灵活的调整（Bertrand 和 Capron，2015；向海燕和李子瑞，2022；杨超和张宸妍，2024）。

二元性可以是结构性的、时间性的或情境性的（Meglio 等，2015），它包括对相互排他性或正交性的竞争要求（Gupta 等，2006）。结构和时间的二元性用于解决相互排斥的需求。结构二元性指将两个单元分开放置在不同的物理位置，如在地理上将获取的目标分开并赋予其自主权（Gibson 和 Birkinshaw，2004）；时间二元性指时间分离，即以循环或顺序的方式解决同一单元内的冲突目标，如整个单元在一个时期内专注于一组任务，然后在下一个时期专注于另一组任务（Gibson 和 Birkinshaw，2004；陈钰等，2024）。然而，仅结构和时间的二元性可能不足以实现获取价值。当需求不是相互排斥的而是正交的，即共存时，必须通过情境的二元性解决紧张关系（Gibson 和 Birkinshaw，2004；胡潇婷等，2024）。情境二元性允许一致性（结构一致性）和适应性（支持、信任和战略共识）在组织单位层面同时蓬勃发展。一致性强调组织中有形模式的系统一致性，如建立清晰一致的行为标准和开放、快速的反馈系统；适应性强调创造支持性环境的更多无形属性，如支持指提供指导和援助（例如，允许获取可用资源而不是行使权力）；信任和战略共识指公平和参与决策，成员有共同的抱负和集体认同。可以说，二元性观点强调了并购后整合过程中灵活调整各种整合模式以平衡"自主"与"整合"程度的重要性。

第三节　数据收集与分析

一、案例精选

中国制造企业自治式并购后整合模式向实际形式整合的演变以及对收购价值创造的影响需要进一步披露其复杂性。为了获得更丰富的见解，这种复杂性需要使用案例研究方法。本书使用了多案例方法，因为它允许进行案例内和跨案例比较，从而提高了单案例研究结果的适应性和有效性（Eisenhardt 和 Graebner，2007；李玉菊和张明威，2023）。

本章与前文研究的样本来源一脉相承。本章参考了解学梅等对于中国制造企业的样本挑选标准，并参考了 Barber 和 Lyon（1997）、Mitchell 和 Stafford（2000）引入的 BHAR 法（"买入并持有"异常回报）初步衡量所选案例是否实现了价值创造，设定案例样本筛选标准。具体如下：

（1）符合中国国民经济行业分类与代码（GB/T 4754-2017）中的制造业企业。

（2）成立时间在 10 年以上的非新创企业。

（3）信息披露更加详细的上市企业优先，上市企业拥有翔实的企业年报、信息披露报告等，数据来源多样，数据可得性较高，完备的原始数据有利于后续进行数据的三角验证。同时，为获得样本的多样性与丰富的结论，并不完全排除非上市公司。

（4）跨国并购后年营收规模百倍增长的企业优先。为了更好地回答价值创造实现的研究问题，选取成功实现价值创造的样本企业进行研究，对其他企业而言具有十分重要的参考意义。因此，所选择的典型案例样本应呈现出明显的跨国并购特征和并购后年营收规模快速增长（典型性）（同时，为了丰富研究结果的多样性，本书挑选了未能实现价值创造的样本以进行对比分析）。参考Barber 和 Lyon（1997）、Mitchell 和 Stafford（2000）引入的 BHAR法（"买入并持有"异常回报）。BHAR 法将跨国并购价值创造视为一种长期过程，可以补充传统研究采用的时间研究股东财富效应的 CAR（累积异常收益）等短期价值创造测量的研究结论。通过企业并购后一年的 BHAR 测量价值创造。跨国并购的价值创造更多来自于并购后长期的资源整合重组，而 BHAR 法允许在较长时间范围内评估异常收益，克服了传统的事件研究中在公告日期前后使用窄窗口测量短期绩效的限制，因此更为适合。跨国并购的短期绩效难以反映其长期绩效，因为长期绩效与并购后的整合过程更为相关。BHAR 法是专门为评估长期异常收益或预测错误而开发的，是目前估算金融领域长期异常收益的最流行方法。具体是基于 BHAR 法计算公式构建基准投资组合和计算并购后当月及后续 12 个月的累计收益，最终计算出 BHAR。若 BHAR 大于 0，则视为价值创造；若 BHAR 小于等于 0，则视为没有价值创造。由此可以初步筛选出合适的案例样本。

（5）并购时间控制在 2015～2020 年。因为并购交易时间较新则代表并购后的整合时期较短，无法明显判断并购整合是否实现了价值创造结果。样本同样从国际并购研究领域知名分析库 Zephyr 数据库中搜取。该数据库被广泛应用于中国制造企业国际化研究，包含了较全的中国上市企业进行国际贸易的所有往来国家。上述标准选择的案例支撑了本书的研究。

二、数据采集

本章与前文研究的访谈样本来源一脉相承，并依然遵循案例研究的典型规则，采用实时和回顾性原则收集数据（Ingstrup 等，2021），并严格遵循案例研究中数据收集的三角验证原则（Eisenhardt，1989），尽可能使用多种渠道和多元化方式收集资料，主要包括现有相关文献和企业提供的内部档案资料以及实地调研获取一手访谈资料。为实现高效率和更综合全面的数据收集和编码工作，本书的案例研究最先通过对国内外权威期刊 SSCI 和 CSSCI 中关于"跨国并购""资源整合""价值创造"的高质量文献进行全时段检索，利用 R 语言的 Jieba 分词命令处理文献摘要并生成高频关键词。使用"八抓鱼"爬虫软件进行网络爬虫检索和手动检索企业外部媒体及公众第三方网络资料，如上市企业信息披露报告、企业及高层管理者微博和公众号、官网等新闻媒体报道、国泰安等金融平台专业机构研究报告等资料。本书通过电子邮件邀请、人际关系和滚雪球抽样从并购后整合直接参与者中选择了主要线人。在前文研究的访谈调研基础上，本书根据二元性理论设计并实施了更多访谈问题的基本概念，以确保访谈标准结构内的后续案例可比性，同时，本书进一步附加了有关并购价值创造的询问，邀请受访人从自己的角度谈谈对其并购案例价值创造预期与目前现状的感受。在企业实地调研获取一手访谈资料的过程中，主要采取半结构化正式访谈的方式。对并购双方高层管理者及并购整合相关参与人员进行一对一访谈和小组访谈，现场观察和非正式访谈资料（例如，实地参观企业车间、生产制造流程等）。本书根据受访者的不同身份和背景定制了访谈问题。从 2017 年 3 月到 2022 年 11 月，与 32 名受访者进行了 38 次面对面或在线电话交谈，其中有 8 次回顾性访谈以确认他们最初的模糊信息，每次谈话持续 30 分钟到 2 小时。此外，为了进行三角测量，本书从相关媒体和公司内部报告中收集了二手数据。

三、数据分析

将采访记录转录成文本后，使用结构化编码系统和 MAXQDA 软件（Charmaz，2014；蓝发钦和高正，2023；喻春娇和庄笑语，2023）对数据进行分析。基于 Kale 和 Singh（2012）的"结构相互依存"和"活动协调"矩阵，以及二元性理论（结构性、时间性、情境性）（陈凌云等，2023；Gibson 和 Birkinshaw，2004），本书将"自主性"定义为实体的结构和时间分离，以及将"整合"作为一系列实际形式的结构嵌入、组合和对齐。

本书先处理具有明显整合变化特征的案例（案例 A）。这个案例分析阶段包括两个主要部分：并购后整合模式在结构、时间和情境的二元性；最终整合方面的变化。本书使用开放编码方法在每个部分中开发紧急主题，主要根据线人的语言对关键活动和事件、变化和结果的经验描述进行编码，使本书研究能够捕捉微观层面的行为（Tippmann 等，2012）。将具有相似措辞的描述段合并为一阶类别。然后通过将相关类别组合成与"整合"和"价值"相对应的主题，使用轴向编码（Strauss 和 Corbin，1990；程新生和王向前，2023；张崇胜，2023）将数据结构化为二阶主题。在这种情况下，本书研究根据主导整合模式的变化（不同程度的自治和实际形式的整合）而划分阶段。这个案例有三个不同的变化阶段，本书创建了总体聚合类别实现理论抽象，从而产生了一个初级的单案例三级编码树。在对其余案例进行编码时，本书继续使用这种划分标准来强调后续多案例的可比性。这种方法源于复制逻辑，将每个样本视为一个不同的实验，以确认或否定先前的观察（Zheng 等，2016；刘喜华和张馨月，2023）。之后，以相同的方式解剖和分配剩余的案例。然后，本书进行了跨案例分析，将具有相似特征的案例归为一类。在前面的阶段上，本书反复检查了编码树的概念元素，直到形成最终的跨案例三级编码树，没有新的见解再出现，则表明编码在理论上已经饱和。表 4-1 概述了通过 MAXQDA 软件对访谈数据编码的结果输出，而表 4-2 和表 4-3 则提供了更为详细的并购整合与价值创造/价值破坏的典型示例（附录 1 为访谈大纲）。

表 4-1　MAXQDA 访谈数据编码输出

一阶构念	二阶主题	三阶纬度	
• 不熟悉的相互管理 • 能力、运营等 • 彼此之间没有信任 • 资源互补性强	紧张局势		
• 保留所有资源的原始状态 • 高度自治 • 保留所有部门原样	结构二元性 （面向各自市场）	合作 （案例 AB）	极大自主权
• 保留原有的欧洲市场 • 保持原有的操作流程	暂时的灵活性 （面向各自市场）		
• 股东经常拜访德国 • 许多在线和面对面会议 • 立即反馈员工的需求	频繁沟通		

续表

一阶构念	二阶主题	三阶纬度
• 产品相似度高 • 继续开发各自的原始市场	需求	保存 （案例 CD）
• 保留所有资源的原始状态 • 高度自治 • 保留所有部门原样	结构二元性 （面向各自市场）	保存 （案例 CD）
• 保留原有的欧洲市场 • 保持原有的操作流程	暂时的灵活性 （面向各自市场）	保存 （案例 CD）
• 股东很少拜访德国 • 很少有在线会议或面对面的会议 • 几乎没有对员工需求的反馈	很少沟通	
• 不健康的管理缺陷 • 内部组织效率低下协调	紧张局势	
• 保持原有的运营结构 • 保持健康的组织部门	结构二元性 （面向各自市场）	部分组织 结构吸收 （案例 AB）
• 保持原有的欧洲市场 • 保持原有的操作流程	暂时的灵活性 （面向各自市场）	部分组织 结构吸收 （案例 AB）
• 调整目标组织结构与中方一致 • 支持性活动和沟通 • 信任增加	情境二元性 具有有针对性的 组织调整和适应性 （面向各自市场）	部分组织 结构吸收 （案例 AB）
• 不健康的管理缺陷 • 内部组织协调不力	紧张局势	
• 保持原有的运营结构 • 位于不同的大陆	结构二元性 （面向各自市场）	全部组织 结构吸收 （案例 CD）
• 保留原有的欧洲市场 • 保持原有的操作流程	暂时的灵活性 （面向各自市场）	全部组织 结构吸收 （案例 CD）
• 使所有组织结构与中方组织结构一致 • 没有自主权 • 既不支持也不尊重德国员工	情境二元性 具有严格的组织协 调性；没有适应性 （面向各自市场）	全部组织 结构吸收 （案例 CD）

实际形式整合初步尝试

续表

一阶构念	二阶主题	三阶纬度
• 一致的发展需求 • 将共同产品组合成新的产品组合 • 进入中国市场	优先需求	部分运营吸收 （自主整合平衡） （案例 AB）
• 保持原有的运营方式（面向欧洲市场） • 保持健康的组织部门	结构二元性 （面向双方市场）	
• 保留原有的欧洲市场 • 保持原有的操作流程 （面向欧洲市场）	时间灵活性 （面向共同市场）	
• 与中方保持一致的运营流程（面向中国市场） • 更多支持性协调 • 相互信任、战略共识	情境二元性 具有针对性的运营 调整和适应性 （面向双方市场）	更紧密的 实际形式 整合尝试
• 发展需求不一致 • 迫使德方支持中方的运营 • 恢复德国品牌的愿望	紧张局势	全面吸收运营 （全面整合） （案例 CD）
• 使所有运营结构与中方保持一致 • 中方控制的所有结构	结构性二元性停止 （面向中国市场）	
• 使所有运营与中方市场生命周期一致 • 被遗弃的欧洲市场	时间二元性停止 （面向中国市场）	
• 使所有运营结构与中方保持一致 • 中方控制的所有结构 • 员工流动率高 • 严重的相互不信任 • 战略分歧	情景二元性 严重的完全对齐 没有适应性 （面向中国市场）	
• 轻松访问彼此的技术 • 进入彼此的市场	资产接入	价值创造 （案例 AB）
• 利润快速增长 • 增加员工数量和市场比例	时间加速	并购 价值
• 失去欧洲市场 • 利润贡献减少	资产损失	价值破坏 （案例 CD）
• 许多项目被推迟或取消 • 发展受阻	时间滞后	

资料来源：根据笔者的研究整理。

表 4-2　二元性视角下中国制造企业跨国并购整合与价值创造的典型例证（案例 AB）

	第一阶段 合作 （极大的自主权）	第二阶段 部分组织吸收 （实际形式整合尝试）	第三阶段 部分运营吸收 （自主整合平衡）
压力/ 需求/ 优先 事项	资源互补性高的情况下陌生、不信任 范例： ●产品：低端汽车内外饰［收购方 A］；高端汽车电动汽车［目标 A］；各类机场设施【收购方 B】；机场和社会救援车辆［目标 B］ ●"我们对中国人了解不多。我们担心他们可能会窃取我们的技术，关闭我们的公司并离开"。 ●"我们没有管理外国公司的经验。我们不了解德国的商业环境和法律。很多事情根本就不清楚。这不仅仅是语言问题"。 ●"我们没有理由向中国人学习。我们的技术更好。他们无法提供有用的建议，因为他们不了解西方商业。我们是市场领导者"。 ●"德国人不喜欢改变，但他们为自己感到自豪。仓促的改变可能会导致他们的抵制。我们应该一步一步地改变他们"。	不健康的管理缺陷 范例： ●德国过度投资高科技研发和基础设施，不顾成本和市场需求；人员和产品产能过剩；毛利率相当低。有的价格甚至低于成本。"当我们第一次拜访德国人时，他们的运作似乎很正常。我们并没有感到异常"。 ●"所有销售人员都坐在办公室里等待订单。他们没有积极在外部市场寻找更多订单"。 ●所有分支机构均分散且独立运营。德国总部和欧洲子公司的组织职能大部分重叠。 ●受到各种合规问题的困扰。"他们对法律合规的理解太狭隘，只包括营销、销售、采购和职业道德"。 ●"德国首席财务官只知道德国的财务标准。他不了解国际规则，也不了解跨国集团的预算管理。建立评估和风险控制体系是必要的"。 ●"他们在制度化管理上还有改进的空间。他们的产品质量很高，但市场反应缓慢"。	持续的发展需求 范例： ●"我们独立开发电池管理系统。我们现在主要向我们的客户——宝马供应产品。但宝马并不限制我们。我们被允许将业务扩展到中国客户。我们对未来的发展持乐观态度"。 ●"一开始，我们只是想用他们的机场消防车来补充我们的机场设备系列。但后来我们发现我们有很大的协同潜力：中国逐渐更加关注人力和社会保障。过去，中国人并不关心有没有消防车。但现在，中国不仅需要消防车，而且寻求更好、更安全、更有能力的消防车。这导致了中国市场对消防车的巨大需求。德国机场专用消防救援车恰恰是中国市场的空白"。 ●"他们的业务可以在中国本土化，我们可以降低他们的成本，增加他们的利润。同时，我们可以共同开发新的产品组合。这是我们的期望"。

续表

	第一阶段 合作 （极大的自主权）	第二阶段 部分组织吸收 （实际形式整合尝试）	第三阶段 部分运营吸收 （自主整合平衡）
二元性（结构性、时间性、情境性）	结构和时间分离 范例： • "我们尊重他们（德国人）作为一个独立的实体。他们可以根据自己对欧洲市场的了解做出决定"。 • "我们不干涉他们的运营和营销问题。我们只是帮助他们"。 • "员工的晋升和薪酬管理由我们自己决定。中国人没有干涉我们"。 • "我们继续使用原来的财务系统。但一位中国财务经理加入了我们。他了解双方的会计准则和财务规则。我们所有的现金流文件都需要他的签名"。 • 增加了专门负责中国证券和银行业监督管理委员会问题的新办公室以及符合中国财务报告准则标准的新财务系统。"我们的德国首席财务官随后必须向新的中国财务总监汇报，后者没有任何权力，但起着联系的作用。他定期向中国集团通报我们的财务状况并安排资金调度问题"。	情境开始发挥影响力（有针对性的组织协调和适应性以及支持和增加信任）；主要结构和临时操作保持分离 范例： • "德国高管已加入我们的中国董事会。这意味着我们有了更深层次的融合"。 • 整个销售体系与招商新企业接轨：成立新的销售团队；解雇了原来的德国销售人员，招募了积极进取、接受"以市场为导向"的中国商业理念的德国年轻销售人员；公司各处都挂上了"客户至上"的标签，强化了中国集团"以客户为中心"的经营理念。 • 针对每个客户将销售团队和研发团队划分为独立的业务组。每个业务组包括研发、质量保证和项目管理等。 • 解雇了原德国首席财务官；聘请了一位熟悉国际金融标准的新人。所有子公司必须每月向德国总部报告财务数据。 • 将中国的"集团规则"和"集团"概念引入德国目标：德国总部控制其欧洲子公司的所有管理职能；成立新的执行委员会；CEO担任"第一手"；德国高管全部受他控制；欧洲子公司的经理轮流担任轮值高管。 • 加强欧洲子公司的内部审计。统一报告体系合规：要求完整的合规报告，应涵盖财务报告、职责分离和第三方交易等。 • "他（中国首席执行官）为我们与中国股东协调，所以我们没有因为第一年200万欧元的损失而受到惩罚"。	情境更具影响力（进一步有针对性的运营调整和通过支持、信任、战略共识提高适应性）；组织和运营结构以及时间一致性（面向中国市场）；组织和运营结构与时间保持分离（面向欧洲市场） 范例： • 成立新的商用车事业部和独立的汽车电池管理事业部，负责中国市场。 • 优化整个供应链和采购：所有供应商关系和系统标准化、系统化；通过统一的亚洲供应商系统以统一标准向全球供应；应用中国ERP系统；大宗原材料及通用配件统一协同采购。 • 优化整个生产流程：将欧洲传统生产模式（无生产线，部分生产周期需要12个月）打破并改为6个生产工位，采用流水线安装，并相应调整仓库位置和工位（生产周期改进为4~8个周）。 • 产品目录标准化、模块化，供客户选择。 • 通过招商新能源全球数千个服务网点和中国客户网络帮助德国人扩大销售（招商新能源占据中国市场份额70%以上） • 在中国北京正式注册销售服务分公司；重建售后服务平台和代理网络；整理中国客户档案。

续表

	第一阶段 合作 （极大的自主权）	第二阶段 部分组织吸收 （实际形式整合尝试）	第三阶段 部分运营吸收 （自主整合平衡）
二元性（结构性、时间性、情境性）	• "监事会与高层管理人员的会议每季度定期举行两次"。 • "中方股东与我们沟通频繁。他每两个月来这里一次"。	• "他（中国首席执行官）迅速落实了员工的想法和建议，例如，改善工作条件。如果他认为员工的建议合理，他一定会采取行动"。 • "在汉诺威消防展上，中国人支持我们在展位上采用德国传统视觉形象标准，以保持我们产品的纯正'德国制造'基因"。	• "我们的德国首席运营官强烈支持中国首席执行官。他的经营理念和 CEO 一样：我们应该在全球市场发展，而不仅仅是在德国"。 • "强调共同利益，求同存异。按照当地的标准和法律去做，多听有经验的一方的意见"。 • "我们愿意要求我们的德国员工留在中国，以支持中国的业务"。
价值创造	资产接入 范例： • 战略性共享资源（市场形象和产品支持），节省更多资金："我们为中国品牌在德国市场奠定了坚实的基础。同时，我们将德国技术引入中国市场，帮助他们拓展市场。我们还帮助他们通过我们全球子公司的全球销售渠道在全球销售他们的产品。" • "现在，他们在中国的新工厂甚至比他们在德国的工厂还要大。名义上他们的总部在德国，但实际上他们最大的生产基地已经转移到了中国的工厂"。 • 中国投资 5800 万欧元建设新工厂，将德国产能从 15 万辆增加到 25 万辆。 • "我是一名在德国工作的中国工程师。只要我愿意，我可以随时查阅所有德国技术文档。没有任何障碍。一切都是透明的"。 时间加速 范例： • "我们的合作帮助我们以最快的速度进入所需的、利润更高的重点领域"。 • "德国的营业额和员工数量翻了一番，从 2015 年的 5 亿欧元（3000 名员工）增至 2017 年的 13 亿欧元（近 8000 名员工）"。（案例 A） • "已招聘近 300 名新员工（2017 年为 1330 名）"。（案例 B） • "在中国全球网络的帮助下，德国人从德国本土市场快速成长到全球市场。他们的产品已销往 70 多个国家，例如，他们来自土耳其的订单从每年仅有几台增加到 2018 年的 100 台，现在已遍布全球"。 • 德国品牌已成为中国最大的进口消防车品牌。"20 世纪，我们在中国连几辆卡车都卖不出去。但现在，我们已经售空了数百辆卡车"。 • "来自国际市场的订单远高于以前（占总效益的近 50%）。但这并不意味着我们在德国的市场份额下降了；相反，它也在回升。这意味着我们的总业务正在增加"。		

注：这里的时间划分是为了概念化不同阶段的整合变化；然而，实际阶段的界限可能不如我们的简单描述那么清晰，因为实际情况通常更为复杂。

资料来源：根据笔者的研究整理。

表 4-3　二元性视角下中国制造企业跨国并购整合与价值破坏的典型例证（案例 CD）

	第一阶段 保存 （极大的自主权）	第二阶段 组织充分吸收 （实际形式整合尝试）	第三阶段 全面吸收运营 （全面整合）
压力/需求/优先事项	在同类资源较多的情况下开拓各自市场的需要 范例： ● "我们双方的产品完全重叠"。 ● "他们（中国）的产品与我们的产品相同。他们主要面向中国市场，我们主要面向德国市场"。 ● "就公司规模而言，我们比他们（德国人）大得多。我们把他们当作未来拓展欧洲市场的欧洲桥头堡，他们也想继续原来的欧洲市场"。	不健康的管理缺陷 范例： ● "她认为如果我们在第一年损失一点点也是可以接受的，因为我们需要时间来恢复。但第一年我们就损失了大约 100 万欧元。她无法接受"。 ● "我们公司没有人专门做预算，也不知道订单是否有利可图。许多无法解释的损失"。 ● "我们公司没有专门负责验证的法律部门"。 ● "在前德国股东的管理下，我们的工作安排已经非常畸形。厂长监督有问题的项目。但事实上，他并不了解这些项目"。 ● "没有人安排预算和账目。没有人知道我们可以从一份订单中赚多少钱。比如，我们以为一个订单可以赚 2 万欧元，后来发现只能赚 1000 欧元，甚至更少。有时误差甚至可达 10 倍"。 ● "尽管生产部门无法按时完成如此大量的订单，但销售人员还是为了自己的业绩尽可能多地签了订单。因此我们不得不向客户支付赔偿金。一些销售人员在没有从客户那里得到一分钱的情况下，仍将设备交付给客户。两个部门之间没有沟通"。	发展需求不一致 范例： ● "过去，随着中国工业化的发展，中国加强了对中大型机床的政策支持。但现在，市场发生了变化：中国政府为了打击腐败，开始控制无效大型设备的投资"。 ● "在没有明确的市场分析的情况下，中国人突然要求我们生产中型设备。它放弃了我们的传统优势。我们不知道自己在做什么。我们不知道该往哪个方向走"。 ● "我们不想生产中国产品。我们只想专注于我们自己的产品，恢复我们德国品牌过去的辉煌"。 ● "不合作。他们（德国人）根据自己的计划和理解来做项目。他们从不做我们希望他们做的事。他们太顽固、太团结了。当我们提出一个想法时，所有德国人都会反对。任何事最终都无法通过讨论解决"。 ● "我们对他们失去了信心和耐心。我们认为继续投资它们是浪费时间"。 ● "就像婚姻一样，不同价值观的人如何维持婚姻？"

续表

	第一阶段 保存 （极大的自主权）	第二阶段 组织充分吸收 （实际形式整合尝试）	第三阶段 全面吸收运营 （全面整合）
二元性(结构性、时间性、情境性)	结构和时间上的分离范例： ● "他们没有和我们交流太多。他们主要向我们提供金钱"。 ● "他们承诺至少在2020年之前让我们保持原创性。我们的欧洲市场和供应商关系将保持不变"。 ● "他们（中国人）让我们走自己的路"。 ● "中国股东不常来这里。一年一两次"。 ● "只是通过Skype召开定期管理会议。他们只是通知我们，但不会对我们的运营产生任何影响"。 ● "3D模型设计主管仍然负责管理模型的最终确定；造型总监和销售主管可以直接签订订单。这三人是原德国员工，决策权很强"。 ● "德国财务经理向中国母公司汇报"。	情境发挥影响力（组织完全一致；支持和信任不受影响，适应性不受影响）；操作结构和时间操作保持分离 范例： ● "销售人员过去负责多个国家的市场。但现在，他们转型为按照产品线和代理渠道对客户负责"。 ● "现在，德国厂长几乎没有决策权"。 ● "后来，我们的德国首席执行官被解雇了。另一位中方经理正式被任命为新任CEO，并管理德国经理。现在，那位中国首席执行官已经调任，新的首席执行官也来了"。 ● "员工对中国CEO的评价不好。他做决定时很独裁，不听别人的意见"。 ● "前两年我们一直在亏损，主要依靠中国人生存。他们已经开始裁员。100多名员工被解雇。他们只是直接让他们离开"。 ● "被收购之前有超过150名员工。现在只剩下50个人了，而且工资一直被拖欠。每个人都感到没有安全感，认为公司即将破产"。 ● "她没有裁减任何部门，但解雇了部门中的大部分员工"。 ● "组织结构总是在变化。这非常复杂"。	情境更具影响力（进一步全面的运营协调；没有适应性，没有支持、信任、战略共识）；所有组织和业务结构以及时间上的分离都停止并完全吸收 范例： ● "我们的优势在于轻金属压铸。但她（中国股东）强迫我们做加工订单来支持中国母公司。我们工厂没有能力做到这一点"。 ● "我们在世界大型机床领域处于领先地位，但我们被要求为中国中小型设备批量生产功能配件。我们没有大规模生产的先决条件。他们还要求我们将技术转让给他们，但不允许我们做中国市场"。 ● "曾经有一个重要的欧洲展览。我们想参与其中，但我们的预算很大。但中国人觉得欧洲人不再重要了。他们更关心中国和美国市场。他们最终没有向我们提供资金"。 ● "他们（德国人）在中国没有竞争力。他们的服务无法满足中国客户的需求；而且，价格没有优势。他们的价格比竞争对手高得多"。 ● "合作的产品组合实际上不具备德国品质。虽然是按照德国设计制造的，但产品却很有'中国风'。价格下降了，但质量也下降了。然而，对于中国消费者来说，它仍然非常昂贵。它有很多问题，需要不断修复"。［收购方D］

续表

第一阶段 保存 （极大的自主权）	第二阶段 组织充分吸收 （实际形式整合尝试）	第三阶段 全面吸收运营 （全面整合）
二元性(结构性、时间性、情境性)	• "交易后他们立即更换了我们的品牌。他们将自己的品牌置于我们的品牌之上"。[标的 CD] • "他们投资了我们，并表示希望我们能够继续在德国独立生存"。 • "她(中国股东)不常来这里。她只有在需要处理德国的其他问题时才会来这里"。	• "我们的中国首席执行官想要做出决定，但他不能，因为她(中国股东)控制了他。看似她赋予了他自主权，但实际上，她仍然掌控着最终的决定权"。 • "决策总是被拖延很长时间。有一次，我在实施之前跟踪了一个机床项目近两年半"。	• "所有机器都需要更换，因为它们太旧了。但更换太贵了。仅更换一个核心发动机就要花费 14 万欧元。持续投资似乎没有那么有利可图"。[收购方 C] • "我觉得他们(中国人)不尊重员工"。 • "他[中方股东 D]最近几年没有来这里。也许他觉得我们没有希望了，来这里没有意义"。 • "多批中国设计师来到这里进行为期 3 至 6 个月的技术培训。我们建议他们回国后成立一个新的业务部门，以实施他们从我们那里学到的技术。但回来后他们什么也没做"。

价值破坏	资产损失 范例： • "欧洲客户拒绝购买我们的产品。销售额和利润的下降幅度比我们想象的要严重得多"。 • "我们的市场已经变得一团糟"。 • "他们(德国)收购后对招商新能源的利润贡献微乎其微，只有 8% 左右"。 • 标的企业再次破产并开始寻找新的收购方。 • "这家工厂现在变成了一个空壳。没有人在这里工作"。 时间滞后 范例： • "许多项目无缘无故地消失了。他们(德国人)总是与我们争论。说实话，我们不知道谁是对的，因为我们不熟悉德国法律。所以，决定最终总是没有明确的结果"。 • "我们花了太多时间等待他们的信息。他们(收购方 D)总是直接告诉我们最终的决定，但没有向我们解释原因。更糟糕的是，有时他们经常改变决定，但最后却什么也没做。许多项目总是无缘无故地消失了"。

注：这里的时间划分是为了概念化不同阶段的整合变化；然而，实际阶段的界限可能不如我们的简单描述那么清晰，因为实际情况通常更为复杂。

资料来源：根据笔者的研究整理。

本书进一步从二元性（结构性、时间性和情境性）的角度描述和分析了中国制造企业跨国并购后每个阶段的资源整合，以展示中国制造企业在德国市场的并购后整合如何从高度自治演变为紧密的实际形式整合以及相应的并购价值创造结果。

四、"自主—整合" ——价值创造（案例 AB）

（一）第一阶段：结构与时间分离

案例 AB 的第一阶段整体表现出自主性高、结构和时间二元性明显的合作模式。这个阶段所有德方资源（品牌、经理及其权限、员工等）都基本保持原样。在案例 A 中，一位中方高管被任命为德国顾问委员会主席；在案例 B 中，一位中方高管直接被任命为德国新任总经理，并由两名普通中方员工协助。标的方 B 处境特殊：德国法院因恶意垄断下令强制清算，其德国家族创始人全部被迫退出，德国管理团队处于真空状态。因此，收购方 B 必须派出一个三人组成的团队进入该实体以恢复其业务。这些中国人并没有干预德国的日常运作，只是提出一些战略建议，经常沟通双方的需求，这是合作模式的一个特点。在运营方面，德国标的方的运营和工厂仍在德国境内，并根据欧洲客户的需求和时间周期生产其原来的产品类别。此外，双方经常组织相互员工轮换，以熟悉对方的产品和市场。几名中国员工被安排在标的方的相关部门，以支持德方的日常运营。

从二元性的视角来看，这个阶段的主要紧张是由双方初期相识相互的陌生和不信任造成的。临时合作可以满足这一时期平稳过渡的需要。这两个案例被归类为在快速变化的行业中收购德方的开创性技术，解决日益增长的产品升级需求以增强在中国国内市场及国际市场上的竞争力。双方均为各自市场的市场领导者，产品互补性强。中方由于其高互补的组合潜力，被德方视为平等的合作伙伴；然而，德国人对中方的管理能力表示出明显的不信任。尽管这些中国制造企业在中国市场已经拥有垄断地位，并进行过建立海外研发中心或海外子公司等国际举措，但它们缺乏在发达市场收购和管理海外企业的经验，在国际市场上没有地位。相比之下，德国标的方几十年来一直以其老品牌引领全球行业足迹，因此在中方面前表现出几分傲慢。双方市场力量存在明显差距。在这种情况下，通过与德方合作，保护德国的尖端资源，同时谨慎观察德国的商业环境，熟悉德国员工和德企实际的商业运作，在这个阶段是必不可少的，也是合理的。

（二）第二阶段：情境发挥影响力；结构与时间保持分离

在之前的"观望"阶段后，中方开始意识到仅靠结构和时间分离无法应对的挑战。德方标的的不健康管理状况需要更多灵巧的整合方式。收购方 B 的总经理表示："经过一段时间的观察，我们发现他们总是忽视实际市场需求，而过分强调高端技术的研发。

所以，他们的产品确实很精致，但卖不出去。市场不需要他们的产品。他们的资金链断了。这也是他们当初为什么被出售的重要原因。"这些缺陷在收购之前就已经存在，但德国人在交易谈判期间隐藏了它们，以便以更高的价格出售自己。发现德方这些糟糕的管理缺陷需要时间，而一旦发现，对中方就不可能继续以最初的自治合作方式管理他们，需要进行重组。收购方 A 的管理者强调，"对于那些结构不合理、运营效率低下的情况，采取行动进行调整是必不可少的，也是势在必行的。仅仅对德方提供一点点儿战略建议是远远不够的。当然，放弃他们原有的德国套路必然会产生德方反对的声音，但这可以通过许多真诚的沟通工作来解决"。

因此，情境的二元性越来越开始对解决这个阶段的当务之急——不健康的管理问题产生影响。中方开始探索有针对性的实际形式整合尝试的转变方式。最明显的迹象是组织结构的"集中化"趋势。中方开始积极参与德方的运营。案例 A 中的中方"沟通桥梁"被提升为采购与供应链部门主任，拥有与德方高管同等的投票权和决策权。销售团队完全被重组。新招聘了一批认同中国母公司以"市场为先"的组织理念的德国年轻销售人员，替换了原来的销售人员。类似地，案例 B 中的这种"集中"似乎更加明显。案例 B 中的中国总经理开始挥舞他的管理权杖。"不像以前让我们自己做决定，现在他（总经理）仍然听我们的想法；但如果他觉得我们的意见不具备建设性，他就会果断地做出他自己的决定"，一位德国技术人员这样说。这些吸收的迹象反映了情境二元性的结构对齐；与此同时，支持和互信逐渐显现。例如，中方发起了各种会议和论坛，以分享最佳项目实践（支持）；德国员工不会因无意或不熟悉的业务失败而受到惩罚，而是通过中国众多的沟通渠道（信任）得到解释和帮助。然而，在产品服务生产方面，双方在物理距离和时间距离上仍然被不同时区的大陆和海洋隔开。因此，德方保留了对其原有生产线的完全控制权。这一阶段的组织吸收显示了从结构和时间的二元性到情境二元性的转变。在这个阶段结束的整合调整中，所有三个双元应用（结构、时间和情境）都存在。尽管合作伙伴关系仍然占主导地位，但中方现在可以选择部分吸收。

（三）第三阶段：情境更具影响力；结构与时间保持分离

随着组织不断变化和发展的需求，情境的二元性释放出越来越大的影响力。在经历了前两个过渡和调整阶段后，德国人在与中国母公司集团的组织对接的引导下，市场订单增加，获得了显著的收益。双方对相互业务更加熟悉，因此在第三阶段互信加速；通过进入中国市场，互补的投资组合赚取更多利润的共识不断增强。正如收购方 A 的并购总监所解释的，"中国市场的低端零部件产品已经过饱和。他们的德国高端电池如果被引入中国市场，将有很大的潜力。我们可以用其他中国同行无法生产的高端产品来满足更多的中国客户"。同样，被并购方 B 的总经理表示，"经过反复讨论，我们发现：过去，中国的消防车可有可无。但现在，随着经济的发展，中国逐渐重视社会保障，因此需要更高质量的消防车，而这正是他们德方专家的专长"。

这样互需的战略发展目标引发了一系列的运营吸收，这可以用目标 B 的德国技术人员的回答来解释，"我们现在更关注中国市场。中国市场不同于欧洲市场，中国那边有很大的客户需求，但同时，她的变化也非常快。因此，我们必须跟随我们中国母公司的运营，更新和优化自己，更好更快地为中国客户服务"。标的方A 的中国总监将其运营与供应链部门升级为全球采购和整体采购，以与中国母公司标准化，取代之前德方不同标准的分散式采购，改变成以中国母公司的品牌而非原先德国品牌进行原材料采购。同样，标的方 B 的所有生产线都进行了改造，以符合中国母公司那边的运营标准：将工人小组制度改革为按部件装配线分组，而不是旧的德方原先按车型分组的方式，以明确小组中每个员工的职责。双方合作在中国建设了工厂，以研发潜在的新产品组合。为确保战略一致，双方的高层论坛不断启动，各单位工作人员对共同目标有清晰认识。

这个阶段是一个更受约束但平衡的自治和整合时期，更加强调情境的二元性，但仍保留一些结构和时间的二元性。通过协同作业系统实现了一致性。互补组合的一致目标导致更加关注新的合作发展机会，激发了双方的雄心和共同的战略愿景；繁荣的支持计划和信任为德国人创造了舒适安全的工作环境。同时，德国标的方保持原有的产品线，一线生产部门设在德国，在与欧洲原有客户打交道时，按照原有的生产周期运作。德方标的拥有中方没有的独特的产品服务研发能力，他们的产品具有更高的价值和利润，但更难以模仿，因此，仍然需要保持德国设计和运营自主权，以保护这些不可替代的资产进行产品升级。

（四）价值创造

资产准入。实际上，在被收购前，德国标的方 A 曾经试图以己之力进入中国市场，但因巨额外债和高成本而受阻失败；但现在，德国标的方 A 加入了中方母公司，并在中国建立了当地生产工厂，实现了以原本预计低得多的价格向中国客户销售其产品。此外，通过将德国产品引入中国市场，中方现在可以轻松掌握本地高端市场，并以较低的成本销售大量具有组合品牌的产品。由跨国技术人员和全球供应商组成的协作团队在收购方 B 的中国基地建设联合工厂和研发中心。德国工厂战略性地转变为先进的产品研究中心，德国制造的零件已成功融入中国产品以实现技术进步。双方的客户群都对中德新升级产品赞不绝口。

时间加速。对于中方而言，这些德国标的还帮助他们看到了在全球各个市场拓展中国业务的可能性。如果中国制造企业没有获得这些德国标的方的研发能力而是依靠自身研发，则可能需要很多年才能达到。而现在，获得这些标的可以降低成本，并且合并后的实体可以很容易地开发高端细分产品，并占领高端市场。

五、"自主—整合"——价值破坏（案例 CD）

（一）第一阶段：结构与时间分离

从二元性的视角来看，这一阶段的案例 CD 整合呈现出清晰的保存模式，德方具有很大的自主性，并伴有明显的结构和时间双重性。交易完成后，这两家中国制造企业立即将德方实体的品牌与中国品牌合并，而没有实施进一步的影响。一个德国管理团队留在原来的德方标的那里；没有中国高管被派往德国。然而，与案例 AB 中的合作模式不同的是，案例 CD 中几乎没有部署任何活动交互和通信。

案例 CD 中的并购双方产品在同一技术领域内大部分重叠。这些收购尝试的重点是开放潜在增长的欧洲市场以实现规模经济。中国制造企业的收购目标很简单，即进入欧洲市场。"我们需要他们的市场来扩大我们的客户服务范围以拓展我们的欧洲市场"。因此，中方专注于分离这两个实体。"他们的产品和我们在中国国内的产品差不多。他们可以继续经营其原有的欧洲市场就可以了。"而中方的这一目标则满足了德国标的方为了恢复德国品牌昔日辉煌的愿望。"就公司规模而言，他们（中国收购方）比我们的规模大得多。他们为我们的经营恢复带来了丰厚的资金。我们的信心再次被点燃。"也就是说，在资源相似的情况下，结构性和时间性二元性的保全模式可以满足双方各自市场发展阶段的需求。

（二）第二阶段：情境发挥影响力；结构与时间保持分离

与案例 AB 类似，经过第一阶段的相处，案例 CD 中的中方也意识到德方存在严重的管理缺陷，仅靠结构性和时间性的分离是无法解决的。在年终财务结算时，第一年的经营发生了巨大的财务损失，远远超出了中方对德方初期恢复经营可能产生损失的经济预期。"我们知道，一开始恢复运营会产生经济损失是正常的，因为他们德国人需要时间来恢复。然而，这经济损失已经远远超出了我们原本的预期"，首席执行官解释道。标的方 D 显示出类似的缺陷。"尽管生产部门无法按时完成如此大量的订单，但为了他们自己的业绩，他们的销售人员还是尽可能多地跟客户签署了订单。因此，我们没有按时完成订单，我们必须向客户支付赔偿金。这两个部门之间没有沟通，他们自顾自的。"德国标的方的各部门之间相互推卸责任，让中方感到高度紧张。正如标的方 C 的人力资源助理所描述的，"现在中国人怀疑我们在骗他们的钱！如果他们不施加控制，他们就不能安心。他们现在完全不信任我们了"。由于这种紧张关系，中方加速了全面的组织控制。中方立即安排一名中国控制人担任德国总经理，旨在监督德国人的一举一动；取而代之的是，德国高管被剥夺了所有自治权，并被降级为名义上的代表。出现了独特的"两级"管理结构：德国高管在运营前必须与中国总经理协商或报告，并在所有文件上签上总经理的签名后才可以行动，而中国总经理必须先向股东报告并获得许可。

然而，中方这边却显示出模棱两可甚至自相矛盾的信息。例如，案例C的中方股东在并购交易前承诺的对德国标的的持续投资杳无音信。从那以后，情况逐渐变得荒谬，以至于德国人觉得中方是在即兴发挥而完全丧失了基本的管理艺术：总经理在没有任何通知或解释的情况下被解雇且频繁更换；许多员工在没有通知的情况下被解雇。此阶段努力并没有弥补业务线的经济损失，反而使双方陷入更多的冲突和更严重的紧张局势。德国人先是尝试在公司内部沟通失败，直到需要上法庭去争取自己的权利和工资。德国人早先的欣喜若狂已显著减弱。

从情境二元性的角度来看，案例CD的这种吸收式整合，不同于基于专业知识和事实的案例AB有针对性的吸收，更多地基于职位当局的指挥和支配，没有支持和补充的非正式支持；而指挥混乱进一步削弱了互信。这些中国制造企业以牺牲适应性为代价优先考虑强制性地吸收对齐，从而导致更严重的紧张局势。这种对齐和适应性分割增加了标的方的压力，造成了标的方的挫败感和不适感，并引发了恶性循环。

（三）第三阶段：情境更具影响力；结构与时间的分离停止

原先信任和支持的组织环境正在快速被侵蚀和削弱。当第三阶段到来时，内部紧张局势被更加放大。中方对德方的自由裁量权的严格限制加剧了德方的抵制和疏远。然而，对于中方而言，持续的投资已逐渐变得毫无意义。许多项目因德国借口"中国人不了解德国法律"以及"难以想象"的大量金钱和时间花在争吵上而被推迟。"他们不接受我们的意见和计划。他们总是认为他们的想法是最好的。似乎没有办法管理德国人。我不相信他们可以再为我赚取利润"，中方抱怨道。中方因此开始将注意力转回中国内部市场，迫使德国人为中国母公司的生产线提供补充。德国的生产机制陷入混乱。调整后的业务让德国人失去了野心。"我们之间没有达成总体共识。帮助中国人发展不是我们德国人的发展目标。我们的希望是恢复我们德国品牌过去的辉煌"，德方 D 的技术人员也是抱怨载道。这些强制性的作战调整举措让德国人失去了发展的动力。迄今为止，中方完全控制了德方的组织和运营结构；然而，这种完全吸收并不能同时促进对齐和适应性。中方越是关注一致性，它们为冒险提供的支持就越少，信任氛围越受到抑制。在这个阶段结束时，尽管德国人仍然位于不同时区的大陆，但结构和时间的二元性已经停止。德国所有的组织运作结构和产业生命周期都与中方的步伐完全一致，没有任何自主权。德国人成了附庸。

（四）价值破坏

资产损失。未能进入欧洲市场使中方陷入不利境地。"欧洲客户拒绝购买我们的产品。销售额和利润的下降比我们原先想象的要严重得多!"〔案例 C〕。中方放弃了欧洲市场，转而以标的方的产品补充中方母公司的产品服务；然而，中国国内市场同行的国家行业制度保护压缩了德国标的方在中国市场发展的利润空间。"我们的市场运作变得一团糟!"〔案例 D〕。无论以前创造价值的潜力有多深，德国实体再次破产，已经在寻找新的买家中。

时间滞后。后期战略分歧引发了权力斗争。中方通过权威占据上风；然而，中方权力的无节制使用导致其对德国标的方的负面认知，使其失去了地位和自主权，从而抑制了德方合作意愿。许多项目因为无休止的争吵和争论而白费了。这些滞后在"老实说，我们不知道我们之间谁是对的。因此，会议总是以模糊的结果结束"和"他们德国人总是与我们吵架"的陈述中显而易见。

第四节　本章小结

本书通过二元性的视角，研究中国制造企业管理从发达国家市场收购的标的方自主式并购后整合模式如何演变为实际形式的整合以及对价值并购结果的影响。本书结果将演化轨迹分为两个子轨迹，从高度自主到自主整合平衡或完全整合，以阐明不同程度的实际形式整合对价值创造或价值破坏的影响。研究结果明确表明，中国跨国企业对发达市场标的企业的并购整合并不会停留在简单的自主式模式，而会随着时间的推移逐渐走向实际形式的整合。自主风格只是交易结束后一个短暂的初始阶段特征，随着组织的发展，实际形式的整合是必要的也是必须的。在向实际形式整合的演变过程中，组织结构嵌入、组合和协调机制的程度各不相同，表明中国跨国企业对发达市场标的的管理存在着逐渐控制的趋势。

　　并购整合的演化分为三个阶段：第一阶段，合作/保留——高度自主；第二阶段，部分/全部组织结构吸收——实际形式整合尝试；第三阶段，部分/全部运营结构吸收——紧密的实际形式整合，自主整合平衡/全部整合。这三个阶段并不是平行的，而是分段的线性过程。前一个阶段影响后续阶段的整合程度和方法：初始阶段的相互熟悉和观察之后是一定程度的组织吸收；运营吸收大致出现在组织吸收期的末期，并受到先前组织嵌入的影响。在第一阶段，具有结构和时间分离的中国跨国企业的高度自主模式，不会立即产生并购价值的结果，而是在后续阶段启动了实际形式的整合动议，这可能会促进但也可能阻碍并购价值的实现。在第二和第三阶段，情境二元性逐渐产生影响：有针对性的协调，加上具有大量支持和信任的适应性情境，可能有助于解决各种整合困境和需求，从而获得目标公司的宝贵资产；然而过分强调协调，缺乏支持和信任的情境适应性，可能会对整合造成过度负担因而导致所收购资产的流失。综合来看，本书的独特之处在于，它通过二元性的视角揭示了中国制造企业对发达市场标的方的从自主权到实际整合的并购资源整合演变及对最终价值创造结果的影响。

第五章　结论与讨论

本书以中国制造企业在德国市场发起的并购事件为例，基于资源依赖视角、从二元性视角，深入分析和探讨了中国制造企业在海外市场收购后进行资源整合的过程以及价值创造结果。本章将对研究结果的理论贡献和实践启示进行深入探讨。同时，提出本书两项研究的局限性和未来研究发展的可能途径。

第一节　理论贡献

一、资源相关性变化下的中国制造企业跨国并购整合

本书理论上植根于资源依赖视角（Gulati 和 Sytch，2007；吴

航和陈劲，2024），采用多案例比较的方式研究了不同资源关联度变化情境下的中国制造企业在德国市场并购后整合的时间动态本质，并提出了一个基础理论框架（见图5-1），将资源相关性（并购之前的资源基础及并购后的变化）和中方的动态能力确定为影响整合变化的主要解释因素。本书认为，资源的依赖不对称（权力逻辑）和联合依赖（逻辑嵌入）是两个重要的理论维度，它们包含中国制造企业和德国标的方间相互依赖的各个方面，体现了双方的资源关联性变化和并购后整合动态。并购前的资源关联性奠定了并购后整合的基调。然而，并购后整合举措和资源相关性并不是固定的常数，而会随着时间而变化。获取互补资源通常可以填补资源缺口（Wei和Clegg，2014；刘建勇和张宁，2023）。中方获取互补资源以升级产品组合并扩展服务范围。创建平衡依赖的联合类型可以将整合引导至有益的结构联系。在权力平衡和合理嵌入的逻辑指导下，通过适当的结构调整、联合行动、共享资源、形成信任来平衡依赖，可以提升相互认同，促使双方态度、目标和价值观逐渐趋于一致，产生相互共情和聚焦。沟通能减少冲突和摩擦，减少不必要的整合成本，保证双方关键资源稳定合理地流动。

相比之下，理论而言，资源相似性可以为收购方带来规模经济的协同效益，为收购方提供品牌重新定位的机会，但也可能产生权力斗争的冲突（Wei和Clegg，2014；赵剑波，2023；张双鹏等，2023）。在强制权力和极端嵌入的逻辑支配下，中方通过强制

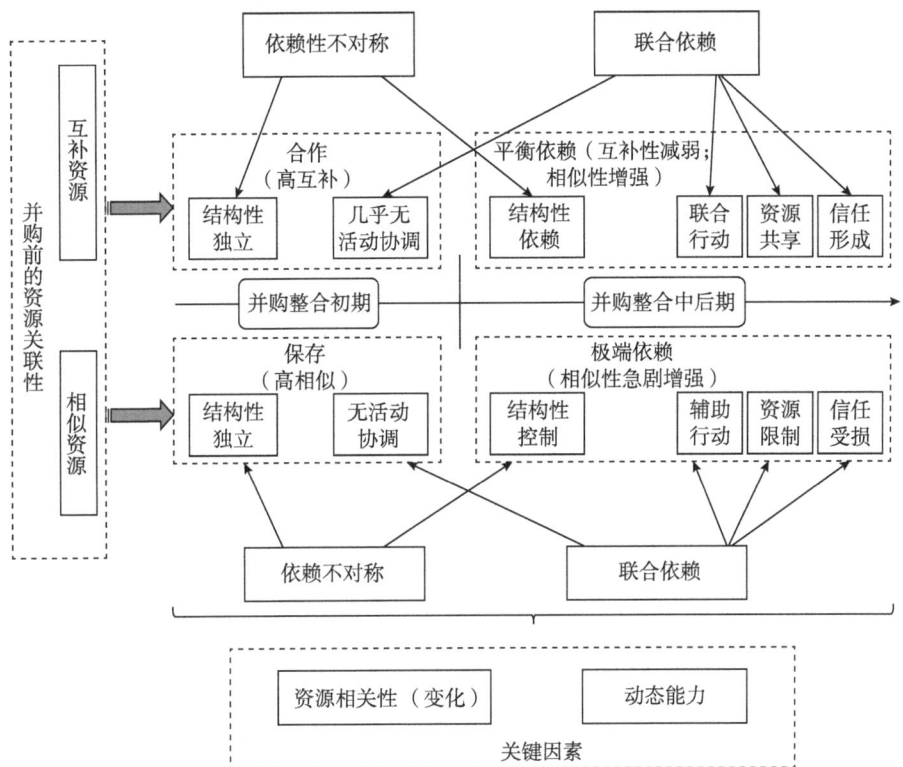

图 5-1　资源相关性变化下的中国制造企业跨国并购整合理论框架

和惩罚策略（如极端的结构控制、辅助行动、资源限制、信任损害等）的极端依赖，将整合方向推向自上而下的等级关系，牺牲了标的方进入一种不对等的价值分配，从而使自己受益于更大的价值份额。适当切断多余的类似业务联系可以促进协同效应，然而，强制切断的代价则会高昂。对标的的极度依赖可能会带来严重的协调问题，产生难以克服的整合成本负担和关系风险。例如，强制业务联盟导致的资源同质性过高，可能会导致双边品牌争夺，导致原有客户的品牌认知混乱。而且，标的方可能会抵制整合过程中的重组变革，并反抗收购方利用标的方的资源。

本书的理论贡献是双重的。通过区分依赖性不对称和联合依赖性的资源依赖理论两个方面，扩大了中国制造企业并购后整合过程时间动态的观察维度。资源依赖理论有助于解释组织如何通过制定环境策略积极努力削弱环境的相互依赖性或不确定性（Gulati 和 Sytch，2007；刘喜华和张馨月，2023）。收购方理论上可以通过同时调整依赖不对称性和联合依赖两个方面重构依赖关系。然而，以往大多数工作的中心是用权力逻辑调整依赖不对称性（刘慧和王营，2023；Wu 等，2021；应千伟等，2023），而忽略了用嵌入逻辑调节联合依赖的可能性。同时，结合资源依赖理论的依赖不对称性和联合依赖两个维度，为中国制造企业在不同资源关联度变化下的并购资源整合动态变化提供理论依据。

更重要的是，本书通过强调不同资源相关性组织环境的变化，为中国制造企业的并购后整合动态文献做出了贡献。现有研究长期以来都是从静态角度探讨中国制造企业并购整合程度受到并购前双方资源相关性的影响（Li 等，2019；Chen 等，2021；阎海峰等，2023），忽视了双方资源相关性也会逐渐发生变化，因而缺乏对并购后整合举措将随着双方资源相关性变化而变化的观察。与先前已有研究成果相比，本书的研究结果除以往研究仅讨论"一刀切"的高度自治的静态概念（Liu 和 Woywode，2013；阎海峰等，2023），更全面地总结了中国制造企业的并购整合变化，而且拓宽了中国制造企业并购后整合动态对两种不同资源相关性变化的理论影响。静态观点学者认为，拥有相似的资源基础可以缓解并购后整合相关的挑战并丰富共同资源库，而不同的资源基础会加剧整合困境（Chen 等，2021；王喆，2023；周楠和杨竹，2023）。本书的研究结果以更细分的解释反驳了这一点。

当然，这些学者的观点确实描述了中方并购整合德方初始阶段的情况。静态学者认为，当初始资源互补，收购方对标的方不够熟悉时，高度的整合很容易会引发摩擦并切断原本有价值的资源网络，因此，温和的整合更有利于创造新的资源，激发标的方的善意和合作氛围，并降低不确定情况下的风险。然而，收购方的动态能力在长期整合表现中起着至关重要的中介作用：动态能力强的收购方可以扭转不利的资源局面，而实力较弱的收购方可能会在资源高度相似的情况下破坏丰富资源池的机会。最近的研究表明，控制相互依赖性的尝试可能会产生意想不到的后果或困境，例如，造成权力不平衡，从而使组织变得不太稳定（Gaffney 等，2013）。与此同时，Li 等（2019）指出，在复杂的资源变化趋势下，收购方必须通过构建并购业务来协调双方资源，同时赢得标的方的信任。本书的研究结果进一步支持了这些主张，阐明最终的整合可能会与初始阶段的整合举措有所不同，从最初的温和方式到相互依赖或伴随偶然机会或意外障碍的极端抵抗。

总之，本书将并购后整合过程分为初期的适应阶段和中后期的共识深化合作阶段，将并购后整合的时间动态纳入观察，挖掘不同资源相关性变化的情境下，中国制造企业如何改变资源整合决策，有力地弥补了当前并购整合动态研究缺乏考虑资源关联性变化的不足。

二、二元性视角下的中国制造企业跨国并购价值创造

本书进一步从二元性视角深入分析，阐述中国制造企业的自治模式在结构、时间和情境的二元性方面如何演变为实际形式的整合以及对最终并购价值创造的影响。本书开发了一个三阶段理论框架图（见图5-2），该框架基于结构、时间和情境二元性表现理论化了中国制造企业自主到实际形式整合的并购资源整合过程以及对收购价值的影响。本书以多种方式扩展了现有研究。第一个也是最重要的理论贡献是：本书的研究结果明确表明，中国制造企业对发达市场标的方并购后的整合不会停留在简单的自治式模式（保留/合作），而会随着时间的推移逐渐向实际形式的整合（部分/完全吸收）。在现有研究中，中国制造企业的自主并购后整合如何演变为实际组合仍不清楚。尽管最近的几项研究已经初步尝试揭示中国制造企业的自治式可能会随时间而演变，但他们的结论仅限于发现中国制造企业自治式的微观调整，实际上尚未能识别真正实际形式的整合（Marchand，2017；Du等，2020；吴波等，2022；任广乾等，2023；晏艳阳和汤会登，2023）。相比之下，本书的证据清楚地揭示了这些实际形式的整合演变。从理论而

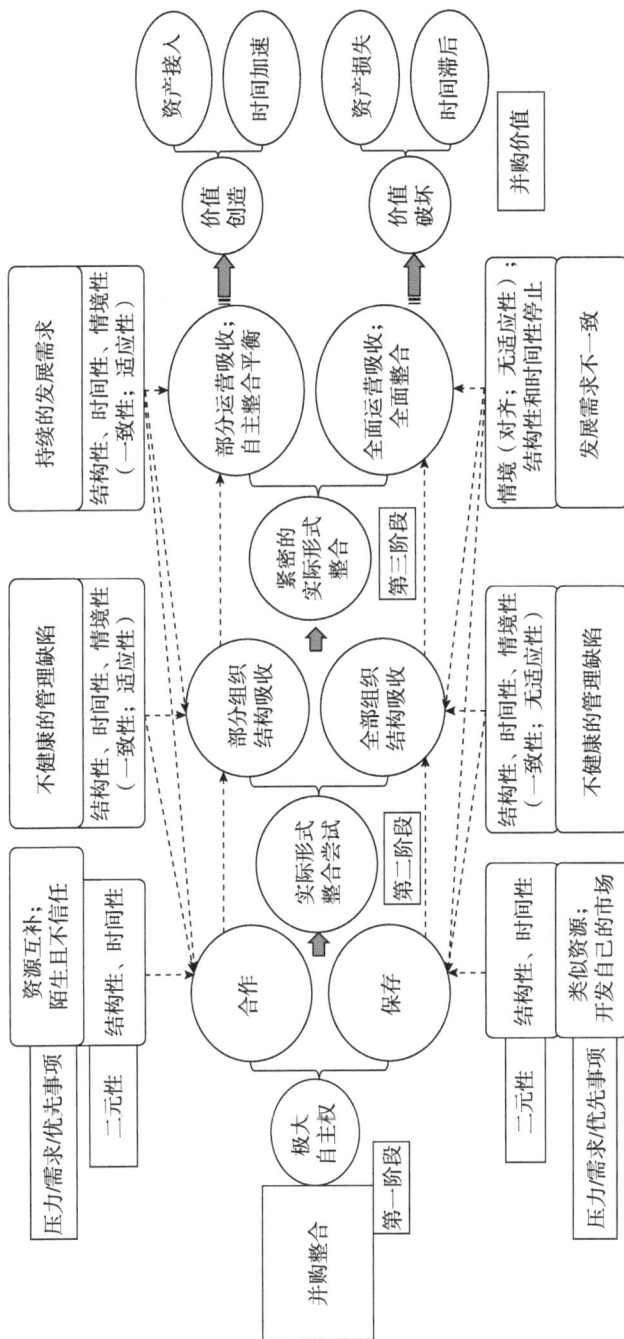

图 5-2　二元性视角下中国制造企业跨国并购价值创造理论框架图

言，企业会通过提高管理决策能力来调整或摆脱对外部资源的过度依赖。企业高管作为各项活动决策和执行的关键主体，在战略决策中占据核心地位，其自身对资源利用的积极性和创新性会直接影响到企业发展（Pfeffer 和 Salancik，1978）。本书研究表明，中国并购方的自治式整合举措只是并购交易完成后短暂的初始阶段特征，这与 Sun（2018）对中国企业自治模式的暂时性提出质疑的观点是一致的；随着组织的发展，实际形式的整合（一定程度或完全吸收）将是必要且必须的。根据 Kale 和 Singh（2012）的推测，来自新兴市场的收购方可能会随着时间的推移逐渐吸收来自发达市场的标的方，本书研究发现并证实了他们的预测。总的来说，本书研究发现，在向实际形式整合的演变过程中，形式结构嵌入、组合和对齐机制存在不同程度，表明中国制造企业对发达市场标的方的管理存在控制趋势和倾向。本书的研究结果可以作为在中国制造企业发达市场并购后整合的背景下进一步讨论自治式和实际形式整合的跳板。

更重要的是，本书研究结果有助于更细致地理解"并购整合、二元性、价值创造"之间的关系。与 Park 和 Meglio（2019）关于二元性和并购整合之间关系的讨论以及 Vafeas 等（2016）的二元价值破坏分析一致。本书开发了具有不同形式的二元性的中国制造企业跨阶段并购整合进化机制，为不同的收购价值结果提供了进一步的见解。本书的案例数据显示了并购后整合演变的三个阶段：第一阶段，合作/保护——高度自治；第二阶段，部分/全部组织结构吸收——实际形式的整合尝试；第三阶段，部分/全部运营结构吸收——紧密的实际形式整合，自治整合平衡/完全整合。这三个阶段不是并行的，而是分段的线性过程。前一阶段影响后一阶段的融合程度和方式：初期相互熟悉和观察，随后是一定程度的组织吸收；运营吸收大致出现在组织吸收期的末期，并受之前阶段的组织嵌入的影响。在第一阶段具有结构和时间分离的中国制造企业的高度自治模式并不会立即产生价值创造结果；相反，他们将实际形式的整合运动引入后续阶段，这可能会促进但也可能会阻碍并购价值的实现。Meglio 等（2015）建议，需要对促进情境二元性（对齐和适应性）的并购后整合机制进行更多研究。本书研究发现，情境灵巧的并购后整合机制对获取价值的影响进一步扩展了这一建议。在第二阶段和第三阶段，情境灵巧性逐渐产生影响：有针对性的吸收并结合大量地支持和信任的适应性情境可能有助于解决各种整合困境和需求，允许访问标的方的宝贵资产。然而，过分强调一致性以及缺乏支持和信任的情境适应性可能会使整合过于繁重，导致所并购的资产丢失。这些发现与先前关于二元性、并购整合和并购价值之间关系的相关研究的观点一致：并购后整合并不总是创造价值（Child 等，2001；吴育辉等，2023；张洽等，2023），但在缺乏情境适应性时会破坏并购价值（Vafeas 等，2016；王玥，2022；王琳等，2022）。

第二节　实践启示

收购发达市场的标的企业是中国制造企业获取先进的高端制造资源快速且有效的途径（陈奉先等，2022；姜付秀等，2022；罗宏等，2022；孙轻宇等，2022）。本书的两项研究结果为在发达市场投资的资本市场企业从业者，特别是中国制造企业经理管理者和投资者提供了重要的见解。

一个重要的实践启示是管理者需要重点关注企业之间资源关联性的重要作用，尤其要以动态的视角进行持续关注。在整合发达市场标的时，中国制造企业不应仅评估并购之前双方的资源相关性，如相似或不同的客户覆盖范围或技术。他们还应该更审慎地观察双方资源相关性的后来交易，以及整合过程中的变化情况。温和式整合并赋予标的方高度自主权并不是并购后管理过程中的唯一选择。随着时间的推移，当原有的互补资源变得逐渐重叠时，可以逐步进行更深层次的整合。特别是，中国制造企业可以通过调整相互资源依赖不对称和共同依赖来重新部署双边资源，通过减少依赖不对称和增加联合行动、共享资源和信任形成等共同依赖，最终实现运营控制的再平衡。平衡依赖有利于建立互信、提高互动质量，从而增强知识转移和价值创造的效果。同时，中国制造企业应警惕权力失衡和自私行为造成的极端依赖带来的负面影响，削弱知识转移和价值创造的效果。因此，中国制造企业不仅要通过了解标的方的员工个性和共同利益，提高对标的方管理威胁和潜在发展的预判能力，还要提高资源利用能力，充分利用已并购的资源，营造合作、互利的环境。

从二元性的视角来看，在早期阶段，对标的企业保持授予高度自治权既可行也值得推荐，这样可以安稳观察标的方的实际业务运作情况，并通过频繁的沟通来增加相互了解和熟悉。本书的研究结果强调了使用自主和整合的灵巧整合组合来处理不同时间的各种紧张局势或优先事项的重要性。在发现不健康的管理缺陷时，中国制造企业应格外小心。即使是那些已经掌权数十年的国际市场领导者也可能缺乏管理技能。受制于以往长期处于国际落后者的影响，中国制造企业缺乏勇气指出来自发达市场的标的方的管理缺点，在遇到冲突时容易最先怀疑自己。这种对西方先进管理的观点限制了并购整合的执行。对待标的方，其有问题的部门需要立即用干预的指令来恢复其健康和振兴其业务。中国制造企业应当有自信并及时地干预有问题的标的方。本书的研究结果还强调了在培养适应性的同时实施一致性的重要性。通过适当和及时的干预，迅速纠正问题缺陷，同时营造相互尊重和支持的环境，无疑是可取的，从而产生进一步的发展可持续性和战略共识（价值创造）；相反，仅仅强调严格控制，而缺乏相互信任和对战略重点的共同理解，可能会导致随后的整合阻力严重。恶劣的行为和问题可能会加剧，从而难以避免最终的崩溃（价值破坏）。正如本书的案例中所展现的那样，了解自治与整合的权衡可以帮助中国制造企业开发基于结构、时间和情境的二元性的灵活并购后整合机制，以应对业务发展各个阶段的竞争紧张局势和优先事项。

第三节　不足及研究展望

鉴于研究时间和研究经费有限，本书中的案例研究内容与其他质性案例研究类似，存在某些不可避免的局限性，这反过来又为未来的研究提供重要方向。

首先，本书研究框架揭示了中国制造企业在发达市场整合决策的动态本质和逻辑；但是，由于定性案例研究的固有局限性，该研究属于探索性类别，这意味着无法提供对研究结果的有力实证验证。同时，本书主要从中国制造企业收购方的受访者中收集数据，可能存在一定程度的偏见。调查更全面的经验证据对于验证本书提出的框架是必要的。未来研究可以针对这些发现进行更广泛的定量测试和调查，以建立理论上的普遍性。就范围而言，在德国市场分发大规模问卷以验证本书调查结果是有希望的；就地理而言，对部署在非欧洲发达市场（例如，具备完全不同文化的美国市场或日本市场）的中国制造企业开展更多的跨国并购整合案例研究，以确定本研究所提出的并购整合演化轨迹及价值创造结果的重复或差异，是有价值的。本书所提出的两个理论框架是否适用于中国制造企业在其他发达市场的并购后整合与价值创造？在不同的并购后整合情境下分享这些发现应该是谨慎的。然而，根据 Yin（2003）的说法，小样本的案例目的是产生新的理论，而不是测试理论的普遍性。至此，在本书中，两项研究构建概念理论的意图已经实现。

其次，本书的研究识别了组织的内部环境，如资源关联性和中国制造企业的能力对中国制造企业并购后整合变化的影响，未来的研究可以基于新的理论或理论组合，进一步探讨政治或环境动态等内外部环境的综合影响。

最后，未来研究可以进一步扩大时间范围和要素，如收购时机或整合周期，以进一步协调中国制造企业的并购后整合长期动态的资源依赖交互与价值创造结果。

参考文献

[1] Angwin, D. N. , Paroutis, S. , Connell, R. Why good things don't happen: The micro-foundations of routines in the M&A process [J]. Journal of Business Research, 2015, 68 (6): 1367-1381.

[2] Almor, T. , Tarba, S. , Margalit, A. Maturing, technology-based, born-global companies: Surviving through mergers and acquisitions [J]. Management International Review, 2014, 54 (4): 421-444.

[3] Birkinshaw, J. , Bresman, H. , Håkanson, L. Managing the post-acquisition integration process [J]. Journal of Management Studies, 2000, 37 (3): 395-425.

[4] Birkinshaw, J. , Gupta, K. Clarifying the distinctive contribution of ambidexterity to the field of organization studies [J]. Academy of Management Perspectives, 2013, 27 (4): 287-298.

[5] Bertrand, O., Capron, L. Productivity enhancement at home via cross-border acquisitions: The roles of learning and contemporaneous domestic investments [J]. Strategic Management Journal, 2015, 36 (5): 640-658.

[6] Brueller, N. N., Carmeli, A., Markman, G. D. Linking merger and acquisition strategies to post-merger integration: A configurational perspective of human resource management [J]. Journal of Management, 2018, 44 (5): 1793-1818.

[7] Berlemann, M., Jahn, V. Regional importance of Mittelstand firms and innovation performance [J]. Regional Studies, 2015, 50 (11): 1819-1833.

[8] Barber, B. M., Lyon, J. D. Detecting long-run abnormal stock returns: The empirical power and specification of test statistics [J]. Journal of Financial Economics, 1997, 43 (3): 341-372.

[9] Brown, S. L., Eisenhardt, K. M. The art of continuous change: Linking complexity theory and time-paced evolution in relentlessly shifting organizations [J]. Administrative Science Quarterly, 1997 (42): 1-34.

[10] Consoli, S. Uncovering the hidden face of narrative analysis: A reflexive perspective through MAXQDA [J]. System, 2021 (102): 102611.

[11] Colman, H. L. Facilitating integration and maintaining auton-

omy: The role of managerial action and interaction in post-acquisition capability transfer [J]. Journal of Business Research, 2020 (109): 148-160.

[12] Chen, F., Meng, Q., Li, F. How resource information backgrounds trigger post-merger integration and technology innovation? A dynamic analysis of resource similarity and complementarity [J]. Computational and Mathematical Organization Theory, 2017 (23): 167-198.

[13] Chen, F., Zhu, J., Wang, W. Driving force of industrial technology innovation: Coevolution of multistage overseas M&A integration and knowledge network reconfiguration [J]. Journal of Business, Industrial Marketing, 2021, 36 (8): 1344-1357.

[14] Chen, F., Liu, H., Ge, Y. How does integration affect industrial innovation through networks in technology-sourcing overseas M&A? A comparison between China and the US [J]. Journal of Business Research, 2021 (122): 281-292.

[15] Chen, F., Wang, W., Zhu, J. Coevolution of post-merger integration and dual knowledge networks reconstruction [J]. Chinese Management Studies, 2022 (1): 7-14.

[16] Chen, Y. Integration and technology innovation in technology-sourcing [C] //A comparative study on overseas and domestic [J]. Asian Journal of Technology Innovation, 2022, 30 (3): 715-

737.

[17] Casciaro, T. , Piskorski, M. J. Power imbalance, mutual dependence, and constraint absorption: A closer look at resource dependence theory [J]. Administrative Science Quarterly, 2015 (50): 167-199.

[18] Charmaz, K. Constructing grounded theory (introducing qualitative methods) [R]. Thousand Oaks, CA, 2014.

[19] Child, J. , Falkner, D. , Pitkethly, R. The management of international acquisitions [M]. Oxford: Oxford University Press, 2001.

[20] Carril - Caccia, F. Does the origin matter? The effects of cross-border mergers and acquisitions in France [J]. International Journal of Emerging Markets, 2021, 16 (8): 2136-2154.

[21] Cogman, D. , Tan, J. A lighter touch for post-merger integration [J]. McKinsey on Finance, 2010 (34): 8-12.

[22] Du, J. , Zheng, Q. X. , Guo, B. Insisting on independence or seeking for dependence? The research on post-acquisition integration strategy for cross-border acquisition from emerging multinational enterprises [J]. Nankai Business Review, 2020, 23 (6): 16-26.

[23] de Oliveira, R. T. , Rottig, D. Chinese acquisitions of developed market firms: Home semi-formal institutions and a supportive partnering approach [J]. Journal of Business Research, 2018 (93):

230-241.

[24] Daoa, M. A. , Bauerb, F. Human integration following M&A: Synthesizing different M&A research streams [J]. Human Resource Management Review, 2020 (1): 7-14.

[25] Eisenhardt, K. M. Agency theory: An assessment and re-view [J]. Academy of Management Review, 1989, 14 (1): 57-74.

[26] Eisenhardt, K. M. Building theories from case study re-search [J]. Academy of Management Review, 1989, 14 (4): 532-550.

[27] Eisenhardt, K. M. , Graebner, M. E. Theory building from cases: Opportunities and challenges [J]. Academy of Management Journal, 2007, 50 (1): 25-32.

[28] Edacherian, S. , Panicker, V. S. Do interlocks by different types of directors affect the nature of internationalization strategy of emerging market multinationals? [J]. International Business Review, 2021, 31 (4): 101953.

[29] Faulkner, D. , Teerikangas, S. , Joseph, R. J. (Eds.) . The handbook of mergers and acquisition [M]. Oxford: Oxford University Press, 2014.

[30] Glaum, M. , Hutzschenreuter, T. Mergers, acquisitions: Management des externen unternehmenswachstums [M]. Stuttgart: Kohlhammer, 2010.

[31] Gibson, C. B. , Birkinshaw, J. The antecedents, consequences, and mediating role of organizational ambidexterity 61st annual meeting of the academy-of-management [J]. Academy of Management Journal, 2004, 7 (2): 209-226.

[32] Gupta, A. K. , Smith, K. G. , Shalley, C. E. The interplay between exploration and exploitation [J]. Academy of Management Journal, 2006, 49 (4): 693-706.

[33] Graebner, M. E. , Heimeriks, K. H. , Huy, Q. N. , Vaara, E. The process of post-merger integration: A review and agenda for future research [J]. Academy of Management Annals, 2017, 11 (1): 1-32.

[34] Gioia, D. A. , Thomas, J. B. Identity, image and issue interpretation: Sensemaking during strategic change in academia [J]. Administrative Science Quarterly, 1996, 41 (3): 370-403.

[35] Gioia, D. A. , Corley, K. G. , Hamilton, A. L. Seeking qualitative rigor in inductive research: Notes on the gioia methodology [J]. Organizational Research Methods, 2013, 16 (1): 15-31.

[36] Gaffney, N. , Kedia, B. , Clampit, J. A resource dependence perspective of Chinese manufacturing firms' FDI strategy [J]. International Business Review, 2013 (22): 1092-1110.

[37] Gulati, R. , Sytch, M. Dependence asymmetry and joint dependence in interorganizational relationships: Effects of embeddedness

on a manufacturer's performance in procurement relationships [J]. Administrative Science Quarterly, 2007, 52 (1): 32-69.

[38] Haasis, T. I., Liefner, I., Garg, R. The organization of knowledge transfer in the context of Chinese cross-border acquisitions in developed economies [J]. Asian Business Management, 2018, 17 (4): 286-311.

[39] Hoffman, D. Second-Wave post-merger integration [EB/OL]. http://www.oliverwyman.com/our-expertise/insights/archive/second-wave-post-merger-integration.html.

[40] Hertenstein, P., Alon, I. A learning portal model of emerging markets multinationals [J]. Global Strategy Journal, 2021, 12 (1): 134-162.

[41] Haspeslagh, P. C., Jemison, D. B. Managing acquisitions: Creating value through corporate renewal [M]. New York: Free Press, 1991.

[42] Hillman, A. J., Withers, M. C., Collins, B. J. Resource dependence theory: A review [J]. Journal of Management, 2009, 35 (6): 1404-1427.

[43] Jonsson, A., Vahlne, J. E. Complexity offering opportunity: Mutual learning between Zhejiang Geely Holding Group and Volvo Cars in the post-acquisition process [J]. Global Strategy Journal, 2001 (1): 7-14.

［44］ Kalpokas, N. , Radivojevic, I. Bridging the gap between methodology and qualitative data analysis software: A practical guide for educators and qualitative researchers ［J］. Sociological Research Online, 2021, 27 (2): 313-341.

［45］ Kroon, D. P. , Noorderhaven, N. G. , Corley, K. G. , Vaara, E. Hard and soft integration: Towards a dynamic model of post-acquisition integration ［J］. Journal of Management Studies, 2021 (1): 7-14.

［46］ Kumar, N. How emerging giants are rewriting the rules of M&A ［J］. Harvard Business Review, 2009, 87 (5): 11-121.

［47］ Kale, P. , Singh, H. The handbook of mergers and acquisitions ［M］. Oxford: Oxford University Press, 2012.

［48］ Kale, P. , Singh, H. Characteristics of emerging market mergers and acquisitions ［R］. 2012.

［49］ Liu, Y. , Woywode, M. Light-touch integration of Chinese cross-border ［J］. Thunderbird International Business Review, 2013, 55 (4): 469-483.

［50］ Luo, Y. D, Rui, H. C. An ambidexterity perspective toward multinational enterprises from emerging economies ［J］. Academy of Management Perspectives, 2009, 23 (4): 49-70.

［51］ Li, F. , Chen, Y. , Liu, Y. Integration modes, global networks, and knowledge diffusion in overseas M&As by emerging mar-

ket firms [J]. Journal of Knowledge Management, 2019, 23 (7):
1289-1313.

[52] Liang, Y. , Giroud, A. , Rygh, A. Emerging multina-
tionals'strategic asset-seeking M&As: A systematic review [J]. Inter-
national Journal of Emerging Market, 2021, 16 (7): 1348-1372.

[53] Luo, Y. D. , Rui, H. C. An ambidexterity perspective to-
ward multinational enterprises from emerging economies [J]. Academy
of Management Perspectives, 2009, 23 (4): 49-70.

[54] Marchand, M. When the south takes over the north: Dy-
namics of up-market integrations by emerging multinationals [J]. Mana-
gement, 2015, 18 (1): 31-53.

[55] Marchand, M. Do all emerging-market firms'partner with
their acquisitions in advanced economies? [J]. Thunderbird International
Business Review, 2017, 59 (3): 297-312.

[56] Meglio, O. , King, D. R. , Risberg, A. Improving acqui-
sition outcomes with contextual ambidexterity [J]. Human Resource
Management, 2015, 54 (1): 29-43.

[57] Mirvis, P. H. , Marks, M. L. A framework for the human
resources role in managing culture in mergers and acquisitions [J]. Hu-
man Resource Ma-nagement, 2011, 50 (6): 859-877.

[58] Mitchell, M. L. , Stafford, E. Managerial decisions and
long-term stock price performance [J]. Social Science Electronic Pub-

lishing, 2000, 73 (3): 287-329.

[59] Oswald, A. G. Improving outcomes with qualitative data analysis software: A reflective journey [J]. Qualitative Social Work, 2017, 18 (3): 436-442.

[60] Pfeffer, J., Salancik, G. R. The external control of organizations: A resource dependence perspective [M]. New York: Harper & Row, 1978.

[61] Pfeffer, J., Salancik, G. R. The external control of organizations: A resource dependence perspective (2nd Ed.) [M]. Stanford, CA: Stanford University Press, 2003.

[62] Park, K. M., Meglio, O. Playing a double game? Pursuing innovation through ambidexterity in an international acquisition program from the Arabian Gulf Region [J]. R&D Management, 2019, 49 (1): 115-135.

[63] Richards, L. Handling qualitative data [R]. Thousand Oaks, CA, 2009.

[64] Rottig, D., de Oliveira, T. R. International expansion of Chinese emerging. Market multinational corporations to developed markets: A qualitative analysis of post-acquisition and integration strategies [A]//Vecchi (Eds.). Chinese acquisitions in developed countries [M]. Springer: Cham, 2019.

[65] Rouzies, A., Colman, H. L., Angwin, D. Recasting the

dynamics of post-acquisition integration: An embeddedness perspective [J]. Long Range Planning, 2019, 52 (2): 271-282.

[66] Roth, L., Corsi, S., Hughes, M. Ambidexterity within a multinational context: How organisations can leverage explorative and exploitative reverse innovation [J]. R&D Management, 2024, 54 (3): 628-643.

[67] Schriber, S., King, D. R., Bauer, F. Acquisition integration flexibility: Toward a conceptual framework [J]. Journal of Strategy and Management, 2018, 11 (4): 434-448.

[68] Safavi, M. Advancing post-merger integration studies: A study of a persistent organizational routine and embeddedness in broader societal context [J]. Long Range Planning, 2021, 54 (6): 1-20.

[69] Sun, Z. The Wu Wei paradigm of post-M&AS integration process [J]. Chinese Management Studies, 2018, 12 (4): 774-794.

[70] Steigenberger, N. The challenge of integration [J]. International Journal of Management Reviews, 2016, 19 (4): 1-24.

[71] Stendahl, E., Schriber, S., Tippmann, E. Control changes in multinational corporations: Adjusting control approaches in practice [J]. Journal of International Business Studies, 2021, 52 (3): 409-431.

[72] Schweizer, L. Organizational integration of acquired biotech-

nology firms into pharmaceutical firms: The need for a hybrid approach [J]. Academy of Management Journal, 2005, 48 (6): 1051-1074.

[73] Schüler-Zhou, Y., Schüller, M. An empirical study of Chinese subsidiaries' decision-making autonomy in Germany [J]. Asian Business & Management, 2013, 12 (3): 321-350.

[74] Strauss, A., Corbin, J. Basics of qualitative research [M]. London: Sage, 1990.

[75] Tippmann, E., Sharkey-Scott, P., Mangematin, V. Problem solving in MNCs: How local and global solutions are (and are not) created [J]. Journal of International Business Studies, 2012, 43 (8): 746-771.

[76] Vafeas, M., Hughes, T., Hilton, T. Antecedents to value diminution-A dyadic perspective [J]. Marketing Theory, 2016, 16 (4): 469-491.

[77] Wei, T., Clegg, J. Successful integration of target firms in international acquisitions: A comparative study in the medical technology industry [J]. Journal of International Management, 2014 (20): 237-255.

[78] Wei, T., Clegg, J. Exploring sources of value destruction in international acquisitions: A synthesized theoretical lens [J]. International Business Review, 2017, 26 (5): 927-941.

[79] Wu, J., Yu, L., Khan, Z. How do mutual dependence

and power imbalance condition the effects of technological similarity on post-acquisition innovation performance over time? [J]. British Journal of Management, 2021, 34 (1): 195-219.

[80] Yin, R. K. Case study research: Design and methods [M]. London: Sage, 2003.

[81] Zhang, X. T., Liu, Y. P., Tarba, S. Y., Giudice, M. D. The micro-foundations of strategic ambidexterity: Chinese cross-border M&As, Mid-view thinking and integration management [J]. International Business Review, 2020, 29 (6): 1-11.

[82] Zhu, H., Zhu, Q. Mergers and acquisitions by Chinese firms: A review and comparison with other mergers and acquisitions research in the leading journals [J]. Asia Pacific Journal of Management, 2016, 33 (4): 1107-1149.

[83] Zollo, M., Singh, H. Deliberate learning in corporate acquisitions: Post-acquisition and integration capability in US bank mergers [J]. Strategic Management Journal, 2004, 25 (13): 1223-1256.

[84] Zheng, N., Wei, Y., Zhang, Y., Yang, J. In search of strategic assets through cross-border merger and acquisition [J]. International Business Review, 2016, 25 (1): 177-186.

[85] 崔永梅, 李瑞, 曾德麟. 资源行动视角下并购重组企业协同价值创造机理研究——以中国五矿与中国中冶重组为例 [J].

管理评论，2021，33（10）：237-248.

[86] 崔永梅，杨婷羽，李瑞，吕佳钰. 从技术并购到自主创新：演化机制与路径 [J]. 北京交通大学学报（社会科学版），2023，22（4）：76-86.

[87] 崔连广，冯永春，王玲，等. 从产品主导到价值主导：制造企业数智化解决方案开发研究 [J]. 南开管理评论，2023，26（2）：245-256.

[88] 陈小梅，吴小节，汪秀琼，等. 中国制造企业逆向跨国并购整合过程的质性元分析研究 [J]. 管理世界，2021，37（11）：159-183+11-15.

[89] 陈小梅，吴小节，汪秀琼. 中国制造企业逆向并购后整合模式的选择——基于战略三角框架的 QCA 研究 [J]. 管理评论，2024，36（2）：167-180.

[90] 程思佳，于立宏，陈辰. 纵向并购对高新技术企业技术创新的影响研究 [J]. 科研管理，2024，45（2）：145-154.

[91] 陈凌云，罗倩，钱海荣，王楠. 渐进式跨国并购与知识转移效果的关系研究——以鸣志电器为例 [J]. 科研管理，2023，44（5）：105-112.

[92] 陈钰，李飞星，钱颖. 跨国技术并购助推制造企业数字化升级的作用路径——基于价值链新微笑曲线视角的双案例分析 [J]. 现代管理科学，2024（1）：139-147.

[93] 陈仕华，王雅茹. 企业并购依赖的缘由和后果：基于知

识基础理论和成长压力理论的研究 [J]. 管理世界, 2022, 38 (5): 156-175.

[94] 陈奉先, 段宇云, 李娜. 双边政治关系与中国制造企业海外并购 [J]. 金融经济学研究, 2022, 37 (6): 84-98.

[95] 陈航, 李东红, 陈东. 资源还是负担? 国有资本参股对跨境并购的影响分析 [J]. 南方经济, 2021 (5): 14-33.

[96] 程新生, 王向前. 技术并购与再创新——来自中国上市公司的证据 [J]. 中国工业经济, 2023 (4): 156-173.

[97] 杜健, 郑秋霞, 丁飒飒, 郭斌. 资源依赖、制度逻辑与跨国并购后整合 [J]. 科学学研究, 2021, 39 (3): 423-431.

[98] 杜晴, 潘丹丹. 并购对企业创新能力的影响研究——基于实际吸收能力和潜在吸收能力的机制分析 [J]. 兰州学刊, 2024 (2): 33-47.

[99] 范建红, 王冰, 闫乐. 基于 TOE 框架的中国制造企业跨国并购创新绩效组态研究 [J]. 投资研究, 2023, 42 (12): 71-82.

[100] 范黎波, 林琪. 母国制度形象能否影响跨境并购效率——基于专业顾问视角 [J]. 国际商务 (对外经济贸易大学学报), 2023 (5): 78-95.

[101] 冯正强, 荆梦. 多维距离对我国矿产资源企业跨国并购成败的影响——地理、经济、制度与文化 [J]. 产经评论, 2021, 12 (1): 148-160.

［102］耿雪姣，崔永梅，汪媛媛．企业并购中的社会责任与价值创造机理研究——以国机集团并购中国二重为例［J］．北京交通大学学报（社会科学版），2022，21（1）：112-120．

［103］高太光，王有建，张晓星．制造企业创新质量提升驱动机制分析［J］．财会月刊，2023，44（22）：136-143．

［104］葛顺奇，万淑贞．价值链延伸型并购与中国制造企业自主创新［J］．经济经纬，2022，39（3）：55-66．

［105］胡潇婷，吕文晶，李纪珍．知识距离与中国海外并购企业的创新绩效：通途或天堑［J］．科学与科学技术管理，2024，45（2）：132-151．

［106］胡杰武，吴晖．全要素生产率、产业集聚和中国制造企业跨国并购［J］．北京交通大学学报（社会科学版），2022，21（3）：110-123．

［107］黄晓东，杜德斌，覃雄合，卢函．"一带一路"沿线跨境技术并购网络格局演化特征——以高科技企业标的为例［J］．地理研究，2022，41（5）：1352-1370．

［108］黄嫚丽．制度资本对竞争优势的影响：来自中国制造企业跨国并购周期上升期的证据［J］．上海对外经贸大学学报，2022，29（2）：47-64+92．

［109］江诗松，游文利，杨帅，等．中外合资经验对跨国并购绩效的非线性影响：跨组织过程的学习模式［J］．南开管理评论，2022，25（3）：25-36．

[110] 姜付秀，申艳艳，夏晓雪．国际贸易与海外并购 [J]．会计研究，2022（12）：161-173.

[111] 梁裕珩，吴增明，朱孟楠．全球价值链与跨国并购——基于并购网络和并购倾向的研究 [J]．国际金融研究，2022（8）：55-64.

[112] 廖东声，陈曦，肖梦雨．企业选择并购进入东道国市场的前因组态及绩效分析 [J]．财会月刊，2023，44（11）：97-103.

[113] 蓝发钦，高正．中国公司"错误并购"的案例画像：来自商誉减值的经验证据 [J]．华东师范大学学报（哲学社会科学版），2023，55（3）：129-142+172-173.

[114] 罗宏，陈韵竹，白雨凡．贸易政策不确定性与企业海外并购：消极应对还是积极扩张？[J]．国际金融研究，2022（12）：35-45.

[115] 李德辉，范黎波．从"外来者"到"局内人"：中国制造企业跨国并购中的文化摩擦 [J]．南开管理评论，2022，25（3）：35-50.

[116] 李玉菊，张明威．并购商誉与企业能力 [J]．北京交通大学学报（社会科学版），2023，22（3）：94-107.

[117] 李新剑，何晓凤，彭永翠，杨小娟．身份落差、合法性与社会资本的耦合——中国制造企业海外并购合法性研究 [J]．管理案例研究与评论，2022，15（4）：347-358.

[118] 刘娟，杨勃．"进阶版"海外并购：合法性寻求还是效率驱动？——基于中国经验数据的 fsQCA 分析［J］．经济管理，2022，44（7）：59-79．

[119] 刘李胜．上市公司产业并购的动因与方式［J］．中国金融，2024（4）：60-61．

[120] 刘玉照，熊健然．中国制造企业"走出去"中的控制权问题［J］．文化纵横，2024（1）：107-116+159．

[121] 刘云华，任广乾．海外并购如何影响企业财务脆弱性——基于外部融资约束和内部流动性的中介效应检验［J］．河南社会科学，2023，31（8）：95-107．

[122] 刘建勇，张宁．并购商誉对企业可持续发展的影响——以风险承担能力为中介［J］．经济与管理，2023，37（5）：72-83．

[123] 刘志雄，王建平，夏欢欢．组织身份管理对企业逆向并购整合的影响研究——以吉利并购整合沃尔沃为例［J］．会计之友，2024（1）：118-128．

[124] 刘建勇，袁仔兰，张宁．标的企业业绩承诺与并购方商誉减值——盈余管理和审计质量的调节作用［J］．投资研究，2023，42（8）：80-103．

[125] 刘喜华，张馨月．高管团队稳定性对企业并购行为的影响——基于中国 A 股上市公司的实证研究［J］．技术经济，2023，42（4）：160-171．

［126］刘慧，王营．文化距离与中国制造企业异地并购——基于文化松紧度的视角［J］．南方经济，2023（4）：114-129.

［127］林发勤，吕雨桐．跨国并购能否驱动企业创新？基于技术和资源互补性的理论和实证研究［J］．世界经济研究，2022（10）：102-117+137.

［128］孟凡臣，高鹏．跨国并购知识转移主体意愿对企业创新的影响研究——基于系统动力学方法［J］．科技管理研究，2022，42（19）：16-25.

［129］马瑞华，郑玉刚．海外技术并购对我国技术赶超的抑制与应对——理论与实践双维度探讨［J］．科学管理研究，2020，38（2）：44-49.

［130］庞磊，张盼盼．高技术企业跨境并购、知识传递与创新质量——来自中国制造企业数据的实证［J］．当代经济管理，2023，45（3）：37-48.

［131］裴旭东，丁奎，赵李，高钰．地理距离与技术资源跨区域流动的关系——企业异地并购视角［J］．科技管理研究，2022，42（20）：189-196.

［132］卿琛，张新民．并购商誉及其减值研究：准则演进与文献回顾［J］．财务研究，2023（5）：30-44.

［133］瞿霞，李然，李文兴．东道国法律制度对中国制造企业OFDI进入东道国的影响研究——基于中国上市公司微观数据的实证分析［J］．宏观经济研究，2022（2）：27-41+136.

[134] 任广乾，李俊超，赵梦洁．国有僵尸企业的治愈路径检验——基于同质重组和跨所有制并购视角 [J]．财会月刊，2023，44（3）：15-23.

[135] 孙悦，洪勇．并购情境下基于智力资本整合的技术追赶机理——沈阳机床并购德国希斯案例分析 [J]．技术经济，2024，43（2）：68-78.

[136] 孙黎，张弛．数字型跨国并购对中国制造企业全要素生产率的影响 [J]．经济管理，2023，45（7）：22-37.

[137] 孙轻宇，王云开，张峰，杜国臣．家族企业两权分离与跨国并购——基于"掏空"行为视角的机制解释 [J]．南开经济研究，2022（11）：172-188.

[138] 孙美娇，张兰，应瑛．跨境并购、双重制度嵌入与高技术企业创新质量 [J]．工业技术经济，2023，42（8）：143-152.

[139] 苏屹，郭稳，张傲然．基于大数据技术的企业并购隐性知识逆向转移 [J]．科研管理，2022，43（9）：48-57.

[140] 陶海飞，孟祥霞．制度逻辑视角下新兴市场跨国企业的组织正当性平衡战略——以万华集团跨国并购为例 [J]．管理评论，2022，34（9）：339-352.

[141] 魏江，王丁，刘洋．来源国劣势与合法化战略——新兴经济企业跨国并购的案例研究 [J]．管理世界，2020，36（3）：101-120.

［142］王鹏，任燕红．制度距离对商誉减值的效应分析［J］．会计之友，2024（3）：32-41.

［143］王琳，陈熙，毛婷，余鹏翼．制度距离与跨国并购：基于制度套利逻辑的研究［J］．国际经贸探索，2022，38（12）：52-68.

［144］王玥．对外直接投资、跨国并购绩效与全球价值链重构［J］．技术经济与管理研究，2022（12）：100-106.

［145］王喆．中美跨境数字并购比较：特征事实、驱动因素与未来展望［J］．当代经济管理，2023，45（4）：39-50.

［146］王旭超，胡香华，凌畅．高管团队创新注意力、技术并购与企业创新绩效——基于中国上市公司的经验证据［J］．科学学与科学技术管理，2023，44（11）：166-182.

［147］王宛秋，王雪晴，刘晓燕，龚慧敏，唐中君．基于TOE框架的企业跨界技术并购绩效的提升策略研究——一项模糊集的定性比较分析［J］．南开管理评论，2022，25（2）：136-148.

［148］王文佳，魏龙．特定优势组合与中国制造企业跨国并购动因——来自中国上市企业的经验证据［J］．国际商务（对外经济贸易大学学报），2022（4）：122-138.

［149］王芳，王宛秋，高雅，唐中君．高技术制造业企业通过技术并购实现突破式创新的路径研究——基于模糊集的定性比较分析［J］．科学学与科学技术管理，2022，43（9）：163-181.

［150］王宛秋，高雅，王芳．技术并购在行业创新价值链中的作用机制研究：信息技术赋能的调节作用［J］．科技管理研究，2022，42（3）：195-205.

［151］王宛秋，高雅，王芳．高技术制造企业生产链位置与技术并购创新绩效关系研究［J］．科技进步与对策，2022，39（8）：99-109.

［152］王馗，高天惠，胡峰．中国制造企业海外并购动因和影响分析——与美国企业海外并购的比较［J］．亚太经济，2022（1）：93-101.

［153］韦东明，顾乃华，徐扬．"一带一路"倡议与中国制造企业海外并购：来自准自然实验的证据［J］．世界经济研究，2021（12）：116-129+134.

［154］万筱雯，杨波．企业跨国并购的协同创新效应［J］．财经研究，2023，49（12）：34-47.

［155］武天兰，范黎波．中国上市企业跨国并购交易持续时间研究：资源与制度视角［J］．中国软科学，2020（2）：120-128.

［156］吴先明，马子涵．制度嵌入如何影响跨境并购后的企业创新质量？［J］．经济管理，2022，44（4）：98-115.

［157］吴小节，杨洁莉．制造业全球跨境并购网络空间格局演化及影响因素［J］．国际商务研究，2024，45（1）：1-15.

［158］吴小节，马美婷．制度距离对海外并购绩效的影响机制——并购经验与政治关联的调节作用［J］．国际商务研究，

2022，43（2）：13-24.

[159] 吴育辉，刘晓玲，吴世农．"一带一路"倡议与企业跨区域并购 [J]．管理科学学报，2023，26（1）：55-82.

[160] 吴波，杨步韵，杨燕．中国国企跨国并购的合法性劣势及破解路径——基于制度组态的定性比较分析 [J]．经济管理，2022，44（12）：46-63.

[161] 吴航，陈劲．跨国并购整合过程中的制度复杂性战略响应——创新效应与匹配情景 [J]．管理工程学报，2024，38（2）：51-61.

[162] 许晖，杨金东，刘田田，等．资源行动视角下中国制造企业跨国并购的合作型整合机制 [J]．经济管理，2023，45（5）：5-26.

[163] 胥朝阳，高子欣，刘睿智，吕紫荆．海外并购、吸收能力与技术创新产出 [J]．财会通讯，2024（4）：29-34.

[164] 许家云．外资并购与企业出口绩效——基于全球价值链分工的研究 [J]．现代财经（天津财经大学学报），2022，42（3）：86-100.

[165] 徐炜锋，阮青松．外部环境不确定性、企业社会资本与企业并购决策——基于资源获取视角 [J]．管理评论，2023，35（5）：214-227.

[166] 徐全军．企业并购后无形资源冲突整合的知识分析 [J]．南开管理评论，2002（4）：7-11.

[167] 谢德仁．并购协同效应与并购商誉计量——基于业务合并会计之新购买法的分析［J］．会计研究，2023（7）：18-29．

[168] 向荣，仇丽萍，肖瑶．全球跨境并购网络结构特征与中国地位变迁研究［J］．社会科学战线，2022（11）：67-77．

[169] 向海燕，李子瑞．多元化并购、资源基础与制造企业服务化转型——基于 fsQCA 的多案例分析［J］．技术经济，2022，41（9）：122-132．

[170] 余鹏翼，李学沛，白洛凡，王琳．技术获取型跨国并购的双向效应与企业全要素生产率——以先进制造业为例［J］．中国软科学，2022（2）：116-126．

[171] 余娟娟，魏霄鹏．中国制造企业海外并购看重东道国的营商环境吗——基于环境不确定性及交易成本减低的视角［J］．国际商务（对外经济贸易大学学报），2022（1）：51-68．

[172] 余珮，李珉迪．跨国并购战略性新兴企业的绩效研究——基于资源基础观与制度基础相结合的视角［J］．财经科学，2019（12）：78-92．

[173] 应千伟，韩梦锐，黄丽．并购重组问询函延期答复研究［J］．金融研究，2023（4）：168-186．

[174] 阎海峰，王墨林，王启虎．东道国知识产权保护对中国制造企业跨国技术并购的影响研究——制度逻辑的调节作用［J］．软科学，2023，37（3）：40-46．

[175] 晏艳阳，汤会登．东道国媒体情绪对中国制造企业跨

境并购的影响研究 [J]. 国际贸易问题，2023（1）：158-174.

[176] 杨连星，铁瑛. 区域贸易协定、投资条款差异性深化与跨国并购意愿 [J]. 管理世界，2023，39（9）：36-59.

[177] 杨波，万筱雯，胡梦媛. 中国资源类企业海外并购区位选择研究——基于东道国制度质量视角 [J]. 资源科学，2020，42（9）：1788-1800.

[178] 杨超，张宸妍. 外资并购与目标企业海外市场扩张 [J]. 国际贸易问题，2024（2）：126-140.

[179] 喻春娇，庄笑语. 技术资源寻求型跨国并购对中国制造企业创新效率的影响——基于中国 A 股上市公司数据的研究 [J]. 科技管理研究，2023，43（9）：161-170.

[180] 闫海洲，张桁. 贸易网络地位影响企业跨国并购吗？：基于中国上市公司的实证检验 [J]. 世界经济研究，2023（9）：62-72+135.

[181] 周伟，吴先明. 论资源依赖理论对企业并购的诠释 [J]. 兰州学刊，2016（2）：169-175.

[182] 袁亮，柴林，刘江山. 上市公司连续并购对企业价值的影响机理研究——基于东山精密连续并购案例 [J]. 财会通讯，2024（2）：90-96.

[183] 钟超，蔡宏波，朱祎. 从全球扩张到数字化进步：跨国并购与中国制造企业数字化创新 [J]. 北京师范大学学报（社会科学版），2023（6）：115-126.

［184］张晨宇，毛新述，毛聚．国企改革、国有资本布局优化与价值创造——基于中央企业并购重组的经验证据［J］．管理科学学报，2023，26（10）：36-55．

［185］张建清，安然，汤恒运，许俭慈．东道国外资审查制度与中国制造企业的跨境并购［J］．世界经济研究，2024（2）：49-62+136．

［186］张双鹏，刘凤委，李培功．绩效反馈、注意力分配转移与并购决策［J］．管理科学学报，2023，26（8）：35-51．

［187］张春美，刘妍妍，周慧琴，周涵洋．并购特征对商誉减值的影响——基于创业板及中小板上市公司的并购数据［J］．企业经济，2023，42（8）：72-82．

［188］张广婷，杜铭钰，张劲松．海外并购如何推动中国制造企业技术创新［J］．复旦学报（社会科学版），2023，65（4）：170-178．

［189］张欣怡，杨连星．文化产品出口、文化认同与企业跨国并购［J］．经济学动态，2023（7）：25-46．

［190］张洽，许煜可，曹玉臣．儒家文化对企业并购绩效影响研究［J］．财会通讯，2023（2）：67-72．

［191］张玉梅，吴先明．海外并购提升了企业的创新质量吗?：一个被调节的中介模型［J］．世界经济研究，2022（11）：119-134+137．

［192］张崇胜．商誉不当减值行为：类型界分、原因剖析与

规制策略［J］. 南方金融，2023（4）：86-100.

［193］张继德，张家轩. 高管海外经历与企业跨国并购——基于动因视角的研究［J］. 审计与经济研究，2022，37（5）：75-83.

［194］张海亮，李垚，王海军. 跨国资本流动、战略性矿产资源与全球治理能力提升［J］. 上海财经大学学报，2022，24（5）：67-78.

［195］张明生. 中国跨境并购市场快速恢复增长［J］. 中国金融，2022（3）：62-63.

［196］张琳，蔡荣华，张妞，赵翊廷. PE 助力制造业企业"走出去"与价值创造［J］. 管理案例研究与评论，2021，14（6）：679-697.

［197］赵宇恒，曹泽华，高吴杰. Earnout 在资源型企业跨境并购中的创新应用——基于洛阳钼业并购 FMDRC 的案例研究［J］. 管理案例研究与评论，2023，16（6）：802-818.

［198］赵剑波. 跨国并购的技术创新机理研究——海尔集团并购 FPA 案例研究［J］. 技术经济，2023，42（8）：64-75.

［199］周楠，杨竹. 制度距离与中国制造企业跨国并购创新绩效［J］. 科研管理，2023，44（2）：81-88.

［200］周雪峰，韩露，韩永飞. 企业经营风险、海外并购与创新质量［J］. 会计之友，2022（15）：95-101.

［201］周雪峰，韩永飞. 跨国并购对企业创新投入的影响：

基于异质性组织冗余的遮掩与中介效应视角 [J]. 世界经济研究, 2022 (1): 104-118+136.

[202] 周婷婷, 王舒婷, 马芳. 跨国并购价值创造研究述评——距离掣肘与内生驱动视角 [J]. 投资研究, 2021, 40 (1): 56-71.

[203] 朱建民, 崔心怡. 国际技术并购因素组态与双元创新绩效关系研究 [J]. 科学学研究, 2022, 40 (8): 1527-1536.

[204] https://www.weforum.org/reports/the-global-competitiveness-report-2016-2017-1.

[205] http://www.stats.gov.cn/tjsj/tjcbw/201810/t20181023_1629260.html.

[206] https://www.iasplus.com/en/standards/ifrs/ifrs10.

[207] www.bvkap.de/sites/default/files/study/studie_china.pdf.

附 录

关于中国制造企业海外并购价值创造的访谈大纲

尊敬的受访者：

　　本次访谈旨在考察中国制造企业并购德国标的企业之后，对标的企业所实施的资源整合模式以及最终价值创造的情况。我们真诚地请您根据个人经验和感受分享您的宝贵意见。此次访谈是自愿的，大约需要40分钟到1小时。您的回答将完全保密并匿名发布。

在交易之前，您所收购的德国标的企业的组织架构和管理风格是怎样的（例如，决策过程、领导风格、经营理念等）？您和您的德国标的企业原始的主要资源情况是怎样的？哪些属于相似资源，哪些属于互补资源（例如，产品类别、销售网络等）？您是在什么情况下才决定进行跨国并购的（例如，压力、需求、优先事项）？

在收购之后，中方对德国标的方的组织架构做了哪些调整或干预？例如，德国高层管理团队是否有任何人事变动？他们向您的中国母公司报告的流程是怎样的？中国股东与其沟通情况如何：是否经常来访德国？有多少直接沟通？中国母公司对德国标的企业的渗透情况如何：有多少中国管理人员和员工被派往德国标的企业？他们担任过哪些职务？中国管理者的决策权有多大？这些中国管理者的领导风格是怎样的？他们与德国管理人员和普通员工的合作与交流如何？（例如，他们如何处理分歧？）工作氛围如何？您是如何整合德国标的企业的生产经营的（例如，技术协调、生产模式、市场细分、客户定位等）？德国人对这些调整或干预的态度如何（抵制还是支持）？中方是如何应对德国人的反应的？您认为中国收购方为何会采用这样的整合策略？

上述整合策略大概持续了多久？后来有没有变化？如果有变化，变化是什么时候发生的？发生了哪些变化？请从组织结构和生产经营两个角度说明变化情况。德国员工对您战略变化的态度如何？您认为为何会发生这样的变化？

您认为本次收购是否帮助贵公司实现了价值创造（例如，顺利接入资产、加速企业发展进程）？您如何看待本次收购对价值创造结果的作用？

注：在实际访谈过程中，上述访谈大纲根据受访者的不同身份和知识边界进行了灵活调整（修改/增加/删除/进一步发展）；同时，基于前述理论视角保留了基本的访谈结构以保证后续数据分析时的可比性。

附录 2　MAXQDA 编码代码集和代码段概览

| Home | Import | Codes | Memos | Variables | Analysis | Mixed Methods | Visual Tools |

| New Project | Open Project | Document System | Code System | Document Browser | Retrieved Segments | | Logbook | T |

Code System	
Code System	528
PMI（合并后整合）	0
合作（案例AB）	0
结构独立	20
几乎没有活动协调	11
平衡依赖性（案例AB）	0
结构依赖性	36
联合行动	49
资源共享	15
信任形成	8
保存（案例CD）	0
结构独立	41
没有活动协调	27
极端依赖（案例CD）	0
结构控制	36
辅助活动	11
资源限制	8
信任破坏	7
关键因素	0
资源相关性（变化）	0
合并前的资源关联性	0
并购前高互补性（案例AB））	6
并购前高相似度（案例CD）	51
资源相关性变化	0
互补性减少和相似性增加（案例AB）	20
相似度增加（案例CD）	55
动态能力	0
对潜在威胁的感知	55
对未来发展的感知	36
利用能力	36

附录 3　MAXQDA 编码跨案例代码矩阵

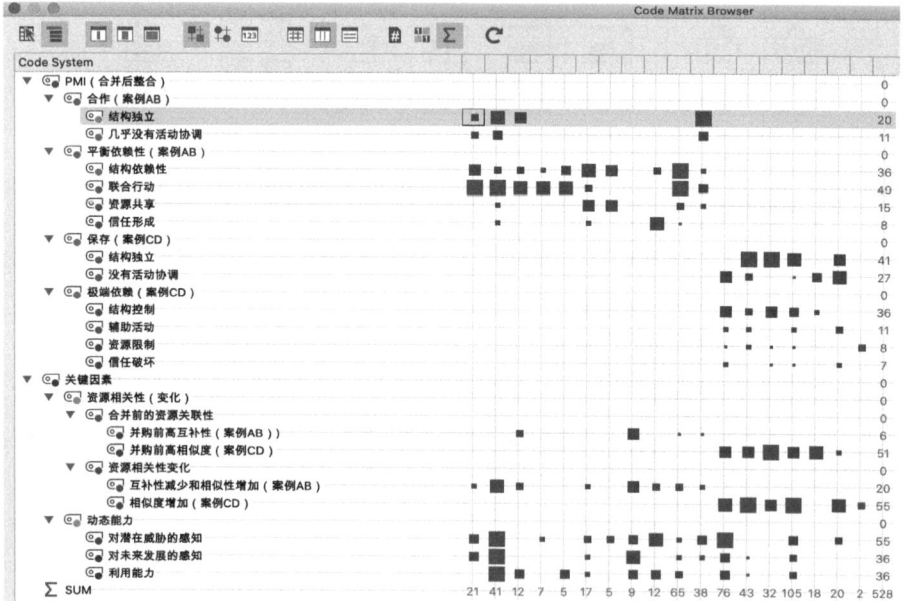

Code Matrix Browser

Code System	SUM
▼ PMI（合并后整合）	0
▼ 合作（案例AB）	0
结构独立	20
几乎没有活动协调	11
▼ 平衡依赖性（案例AB）	0
结构依赖性	36
联合行动	49
资源共享	15
信任形成	8
▼ 保存（案例CD）	0
结构独立	41
没有活动协调	27
▼ 极端依赖（案例CD）	0
结构控制	36
辅助活动	11
资源限制	8
信任破坏	7
▼ 关键因素	0
▼ 资源相关性（变化）	0
▼ 合并前的资源关联性	0
并购前高互补性（案例AB））	6
并购前高相似度（案例CD）	51
▼ 资源相关性变化	0
互补性减少和相似性增加（案例AB）	20
相似度增加（案例CD）	55
▼ 动态能力	0
对潜在威胁的感知	55
对未来发展的感知	36
利用能力	36
Σ SUM	21 41 12 7 5 17 5 9 12 65 38 76 43 32 105 18 20 2　528

后　记

　　本书即将完成，思虑万千。本书是笔者在德国慕尼黑工业大学读博期间以及入职北方工业大学之后，持续进行中国制造企业在发达市场跨国并购相关课题的调研，踏遍了慕尼黑、法兰克福、北京、上海等地，收集千万条数据，多次访谈相关企业管理者，最终整理成册。

　　能获取这么大量的第一手数据资料，得益于读博期间德国导师 Christoph Lütge 教授的指导、鼓励与支持。Christoph Lütge 教授始终提倡定性案例研究，科学研究源于科学问题，问题源于实践，一定要深入到实践案例中，在实地调查中发现问题，在实际访谈中发掘规律和事实。

　　研究成果离不开身边人的鼓励与支持：感谢参与本书调研的所有企业给本书提供了翔实和丰富的数据支撑；感谢导师 Christoph Lütge 教授的指导与支持，使本书的研究更加科学和深入；感谢我的父母和家人，感谢他们的理解与鼓励，使我至今仍能坚持科研的脚步；感谢北方工业大学经济管理学院的资金支持，使本书得以顺利出版！

杨亚男

2024 年 8 月于北方工业大学